突破する教育

世界の現場から、日本へのヒント

池上　彰
増田ユリヤ

岩波書店

はじめに

日本社会が閉塞感に包まれていると言われて久しい。とりわけ教育の現場に、その感は強い。「学力低下」、「いじめの深刻化」、「体罰の横行」等々、「日本の教育は劣化しているのではないか」との指摘が出ては、教育の現状の問題点が議論の俎上に上がる。こうした流れの中で、第二次安倍政権は、「教育再生実行会議」を組織し、教育改革を進めようとしている。この会議の名称には「教育再生」の言葉がある。そこには、「日本の教育は死んだ」という含意が感じられる。

しかし、果たしてそうだろうか。マスコミで報道される事件や問題だけを見て、「日本の教育は再生が必要だ」と思い込んでいるのではないか。あるいは、自分が受けてきた教育体験から「昔は良かった」と語るレベルの議論が横行してはいないだろうか。

実のところ、日本の教育は、どのレベルなのか。日本の国内だけで考えていたのでは、客観的な日本の姿というのは、見えてこないのではないか。

今の日本の教育制度や教育現場での取り組みを変えるには、何が必要なのだろうか。考えに行きづまったら、海外の例を見てみよう。外から日本の教育を見直してみる。そこから、現状を突破する手段・方策も出てくるのではないか。著者二人のこんな問題意識から、本書が編まれることになった。

学力向上への取り組みを続けるニューヨークの学校。政治への関心を高め、政治参加を推進することで世の中を変えようとする若者たち。まさに日本に必要な活動ではないか。

原発の再稼働をめぐって意見が分かれる日本。原発を推進していた小泉純一郎元総理が「原発ゼロ」を主張するようになった一番の理由は、使用済み核燃料の最終処分場が決まらないことであるという。原発の最終処分場を決定している国として知られるのは、北欧の国フィンランドだ。どうしてフィンランドでは、最終処分場を決めることができたのか。フィンランドの教育から学べることがあるのではないか。

いじめは日本だけの問題ではない。フランスにもいじめはあるというと、驚く人も多いのだが、人間が集団で生活していれば、いじめは発生する。そのときフランスの学校は、どう対応したのか。そこから日本が学べることは多いはずだ。

常に現場取材に生き甲斐を感じる増田ユリヤと、情報を整理して伝えることを喜びとする池上彰。二人の異質なタイプのジャーナリストが、それぞれの立場から日本と世界の教育の現状をお伝えするのが本書である。

二人が出会ったのは、今から二五年前。池上がＮＨＫの首都圏ニュースのキャスターをしていたとき、増田は横浜放送局のニュースリポーターだった。増田の現場リポートを、東京のスタジオの池上が受け止めてコメントする、こんな役回りだった。本書は、現場の様子を報告する増田と、それを受け止めて解説を付け加える池上という、当時とまったく同じ役割分担によって完成した。

岩波書店の編集者・田中朋子さんが、編集力を発揮して二人の対談までセットし、この本が出来上がった。
読者にとって、本書が閉塞感を突破するヒントになれば、これに勝る喜びはない。

二〇一三年一一月

イラン取材から帰国した　池上　彰
フランス取材から帰国した　増田ユリヤ

目　次

装丁＝森　裕昌
カバー、本文中の写真撮影は増田ユリヤ（一三頁を除く）。
カバー写真　表＝フィンランド・サウナラハティ小学校
裏＝（左）相馬市、エル・システマの活動
（右）ニューヨーク・ハーレムにて

1

自分たちの手で世の中を変える

ニューヨーク・ハーレム地区，デモクラシー・プレップ・パブリックスクール．

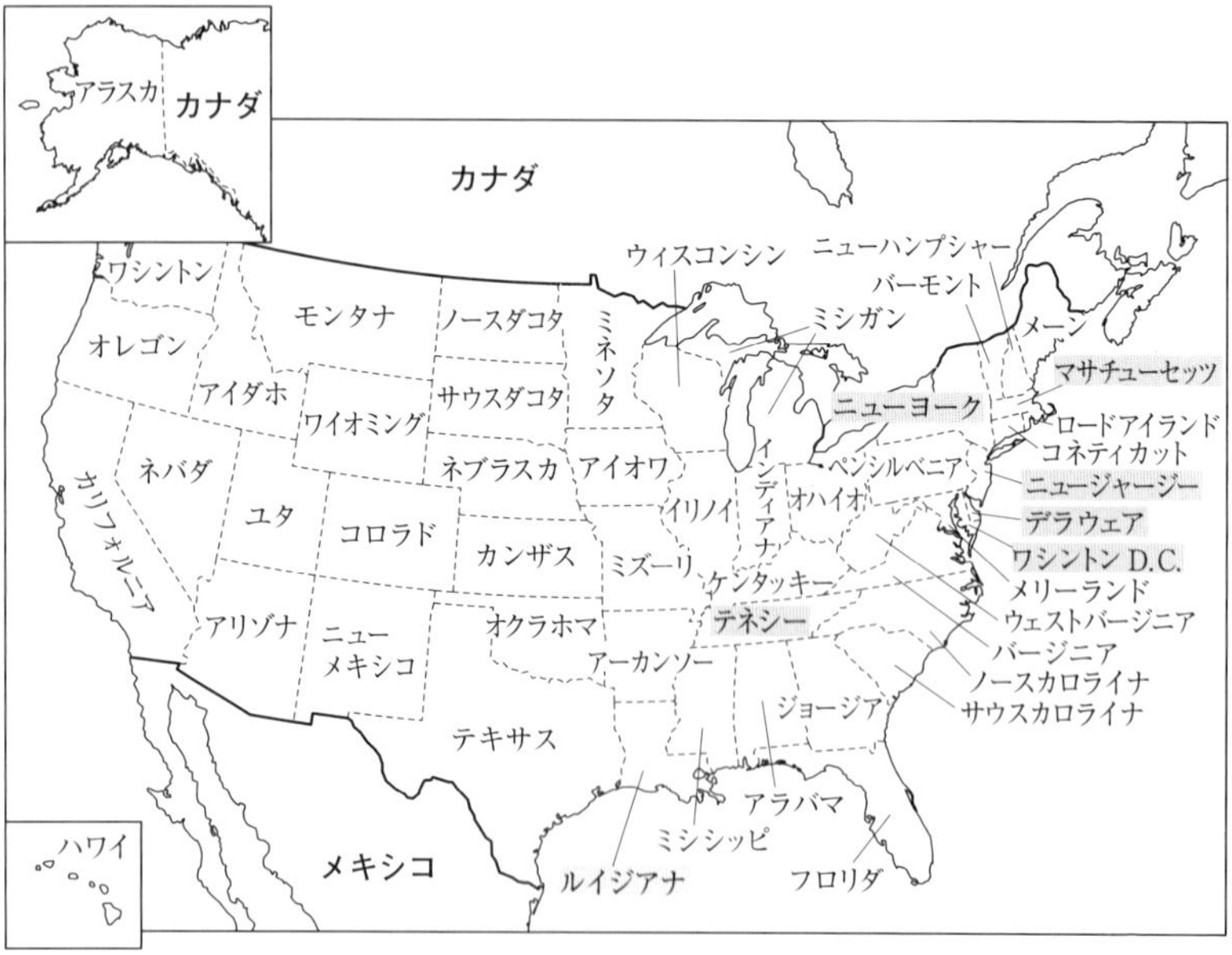

拡大するデモクラシー・プレップ・パブリックスクールのネットワーク（予定を含む）.

アメリカ大統領選挙から民主主義を考える

取材・文＝増田ユリヤ

日本国民は、政治に対して信頼しているのだろうか。期待しているのだろうか。参加しているのだろうか。欧米各国の取材をしていると、彼らの政治に対する意識や関心の高さと比較して、日本人の政治に対する関心の低さや、国の問題＝自分たちの問題であるはずなのに、どこか他人任せでいる姿勢や態度を感じざるを得ない。

世の中の問題を、他人事《ひとごと》にせず、一人ひとりの国民が自分たちのこととして受け止め、考えて行動していくには何が必要なのか。大統領選挙をめぐるアメリカの教育活動を通して、民主主義のありようを考える。

1　大学に行って、世界を変えよう！
――ニューヨーク市・ハーレム地区、デモクラシー・プレップ・パブリックスクール

民主主義という名のコミュニティ・スクール

Democracy＝民主主義という名の学校が、ニューヨークにあるという。場所はマンハッタン北部

にある黒人の町、ハーレム。かつては治安の悪い危険な町の代名詞だった。ところが、そんな町にあるこの学校は、入学を待つウェイティングリストに五〇〇〇人が名前を連ねるという、人気沸騰中の学校だという。いったいどんな学校なのだろうか。アメリカ大統領選挙を控えた二〇一二年一〇月、ニューヨークに飛んだ。

マンハッタンの中心部から、セントラルパークを通り抜けて車でおよそ三〇分。ハーレムの中心街にあるこの中学校の正式名称は「デモクラシー・プレップ・パブリックスクール」。六年生から八年生の生徒、三二〇人が在籍している。私が到着したのは、朝八時過ぎ。すでに授業が始まっているというが、校舎の中はとても静かで、先生の声だけがあちこちの教室から響いてくる。

'Good morning! Welcome to our school!'（おはようございます。ようこそ私たちの学校へ！）

出迎えてくれたディレクター（現場責任者）のスティーヴさんと握手を交わすと、校舎の中へと誘われた。玄関を入って廊下に出ると、最初に目に飛び込んできたのは天井を埋め尽くすように貼ってあるおびただしい数のペナント！　あっけにとられて天井を見上げていると、「これは全部、全米にある大学のペナントなんですよ」とスティーヴさん。

「私たちの校訓は、"Work Hard. Go to College. Change the World."「一生懸命勉強して、大学に行こう。そして、私たちの手で世界を変えていこう」ということを目標にしています」。階段の踊り場の壁には、大学の校章が入った旗。教室のドアにもさまざまな大学の校章が貼ってあり、授業で教室を移動するときには「〇〇大学の部屋に移動しなさい」と指示するという。

ドアのガラス窓から教室の様子を覗くと、黒板の上にも"Work Hard. Go to College. Change the

World."の校訓が掲げられている。授業は月~金、毎日七時間。国語(英語)三、数学二、理科と社会がそれぞれ一時間ずつで、授業の合間に休み時間はない。教室移動の時間を一、二分とってあるだけで、分刻みでスケジュールが組まれている。例えば、八時から八時三〇分までのホームルームの時間が終わると、一時間目の授業は八時三一分から九時一一分まで。二時間目は九時一二分から九時五二分まで、という具合だ。トイレには、自分が行きたくなったときに許可を得て行く。一時間の授業の前半が教師からのレクチャー、後半がディスカッション、という形式が基本なので、授業中の場合には後半の時間にトイレに行くように指導しているそうだ。各教室の後方には、授業を担当している教員のほかに指導法や内容をチェックしている教員がいて、毎時間の授業を振り返り、次の授業に生かすようにしている。

デモクラシー・プレップ・パブリックスクールの授業風景.
生徒たちはアメリカではめずらしい制服姿.

一時間目の授業が終わった。バインダーや教科書を抱えて教室から出てきた生徒たちが、おもむろに縦一列に並び始めた。廊下を見渡すと、どの教室の前にも同じような列ができている。ピシッと並び終えると、先生を先頭に次の教室に一斉に移動する。この間、どこからも私語は聞こえてこない。生徒たちは、胸元に校章の入ったブルーのシャツにグレーのズボンやスカート、ネイビーのベストなどの制服を着ている。髪も短く切るか、編んだり結ったりしていて、乱れている子はいない。きちんとしているのは良いことだろうが、ここは自由の国アメリカ。もっとラフでにぎやかな学校の様子をイメージしていた私は、ただただ驚くばかりだ。ここは、「猛烈進学校」なのだろうか。

「アメリカの公教育にはもはや期待できない」

学校設立の経緯と意図を聞こうと、校長室に向かった。すると廊下の向こうから、ネクタイ姿に黄色いキャップ帽をかぶった男性が歩み寄ってきて、右手を差し出した。「はじめまして！　私が創設者のセス・アンドリューです」。「この人が創設者なの⁉」。握手をしながら、ますます私の頭の中は混乱していった。いったい、どこまで型破りな学校なのだろうか。

デモクラシー・プレップ・パブリックスクールが開校したのは、二〇〇六年八月のこと。創設者のセス・アンドリューさん(三五歳)は、もともとは政治家になるのが夢だった。ブラウン大学在学中に下院議員選挙に立候補したが落選。その後小学校の教員となったセスさんは、当時大学院生だった婚約者の留学先である韓国や南アフリカに同行し、現地で英語教員としての経験を積んだ。「韓国の規律正しい教育方法は本当に素晴らしいと思った」とセスさん。帰国後、マサチューセッツ州で特別支援が必要な子どもたちを担当することになった彼は、現場のやる気と熱意のなさに失望する一方、海外で学んできたことを生かして、自分が担当した特別支援クラスの子たちのテストの成績を、飛躍的に伸ばすことに成功する。しかし、「もはや、改善しようともしないアメリカの公教育に期待はできない。ならば自分で学校を作ればいい」と一念発起。仲間を募って運営委員会をつくり、二年間の準備期間を経て、この学校の開校にこぎつけた。ハーレムといえば、かつては黒人のスラム街というイメージが強く、治安の悪さで名高い地域だが、近年、ニューヨーク市をあげて改善に取り組んだ結果、街並みも治安も格段に良くなってきた。しかし、学校の環境や教育内容は全然追いついていないという。ここハーレムの住人で、大卒の学歴をもつ人は一〇%に満たない。公立校は暴力やいじめの問題が蔓延し、とても勉強する環境にない学校が大半だ。

セス校長と生徒たち．天井が大学のペナントでびっしり．

「いくらアメリカが民主主義国家だ、といっても、国民が民主主義について理解していなければ、よりよい選択をし、よりよい国づくりをしていけるはずがない。だから、勉強して学力をつけ、節度を身につけ、社会を知り、自分たちの代表を選ぶ目を養うことが必要なんです。そのための目標が、大学へ進学すること。私自身には縁もゆかりもないハーレムという地域をあえて学校設立の場として選んだのは、教育環境を整えるという意味では限りなくゼロからのスタートに近い、可能性をもった場所だからです。自分たちの手で、世の中を変えていかなければならない。いや、変えることができるのがまさに

「民主主義」。私自身、政治家にはなれませんでしたが、政治家でなくても、教育によって世の中を変えていくことができる。その思いをこの学校に託したのです」とセスさんは言う。

それにしても、私が最初に目にしたのは、今どきの学校、まして自由の国アメリカの学校のイメージとはかけ離れた、軍隊さながらの光景だ。そんな第一印象をセスさんに伝えたら、こんな返事が返ってきた。「規律の正しさは、韓国の学校から学んだこと。秩序のなくなってしまったこの国には、まず、節度を身につけることが必要なんです。日本の学校も見学に行きましたが、日本の教育だって素晴らしいと思いますよ」。

学校を変わって自信がついた

学校の創設から二年目の二〇〇七年に息子を入学させたという父親に話を聞いた。

「当時五年生だった息子は、地元の公立小学校に通っていました。しかし、身体がまだ小さいことを理由にいじめられ、同級生から殴る蹴るの暴力を受け、八針も縫う大けがをして学校から病院に運ばれたんです。こうなったら、安全であればどこでもいい、と転校できる学校を探していたときに、近所に新しい学校ができたということを知って、応募しました。入学は抽選で決まるのですが、最初の抽選では漏れてしまった。でも、あきらめきれずにウェイティングリストに載せてもらったら、新学期が始まる直前の八月に、入学できるという連絡が来たんです。本当にラッキーでした」

「公立の学校に通っているときには、暴力も当たり前、勉強がおぼつかないのも仕方がないと思っていました。ところがこの学校に来てみたら、環境がまったく違いました。子どもたちはまじめに勉強しているし、しつけも厳しい。息子も最初のうちは戸惑ったようですが、落ち着いた環境で安心したのでしょう。二年、三年と経つうちに、あれだけ苦手だった数学も克服して、一一年生（高校二年生・一六歳）になった今は学年でもトップクラスの成績となり、大学に行くという希望に燃えています。学校の評判は瞬く間にハーレム中に広がり、近所の人たちからも「何とかうちの子を入学させる方法はないか」と相談されるほどです」という。

暴力によるいじめで転校してきたダニエルくん．

　息子のダニエルくんにも話を聞いた。

「最初はとにかく宿題も多いし、やることがたくさんあって毎日大変でした。勉強も遅れていたので、サマースクールなどに参加して、補習を受けました。六年生になるときに転校してきたのですが、七年生で何とか追いつき、八年生で平均ぐらいの成績になりました。僕自身は恥ずかしがりやで自信のない引っ込み思案な性格でしたが、学校では社会活動が盛んで、市議会を見学したり、七年生のときにはロードアイランド州議会で政治家を前にして自分たちの学校について演説をしました。それが僕にとってすごい自信になりました。それからは政治にとても関心をもつようになり、お父さんと一緒に政治番組を見たり、政治についての話をするようになりました。

大学進学についても具体的に考えています。将来はニューヨーク市長になるという大きな夢があるので、ニューヨーク市立大学かブラウン大学に行って政治学を勉強したいです」

初めての投票——大統領は私が選ぶ

名前のとおり、この学校では民主主義教育に力を入れている。ダニエルくんの話にも出てきたが、毎週金曜日にはどの学年にも政治を学ぶ時間があり、ディベートをしたり、公の場に行って自分たちの学校や今学んでいることを発表したりしながら、自分たちの社会や、自分の将来について考える機会を設けているそうだ。その目的は、「選挙で投票に行くこと」にある。アメリカの選挙制度は非常に複雑だが、その制度をはじめ、政治のしくみや政党について、現在の政権と政策についてなどを、卒業までの時間をかけてみっちり学んでいく。

アメリカでは一八歳で成人とみなされ、選挙権が得られる。学年でいえば一二年生(高校三年生)に当たる。二〇一二年一一月六日の大統領選挙は、創設時に六年生で入学してきた子たちが選挙権を得る年と重なったため、まさにこれまでの成果を試す機会となったのである。

初めての選挙を迎えた子たちに、大統領選挙当日に話を聞いた。この日は投票に行くだけの子もいたが、希望者はハーレム地区の各所に設けられた投票所でアルバイトをしていた。

学校から地下鉄で三つ目の駅近くにある投票所に行くと、高三の女子が手伝いをしていた。

——もう投票は済ませましたか。

はい。朝一番に済ませて、この投票所に来ました。

──誰に投票しましたか(民主党・オバマ候補、共和党・ロムニー候補)。差し支えなければ、その理由も一緒に教えてください。

オバマ大統領に入れました。これまでの四年間、大変な時代でしたが、いいことをしてきたと思います。政策の中でも、私は「ドリーム・アクト」が良かったと思います。ドリーム・アクトは、不法移民の子どもをアメリカ人だと認める政策です。子どもは自分で生まれる場所や家族を選べません。子どもの人権に照らし合わせて考えても、いい政策だと思います。

──政策について、詳しいですね。

私は八年生のときにこの学校に入りましたが、毎週金曜日に政治の授業があって、ずっと勉強してきましたから。

──今日はどうして手伝いをしようと思ったのですか。

初めての選挙なのでいい経験になると思ったし、手伝うことで選挙のしくみがよりわかるようになると考えたからです。今回から新しいシステムが導入されたので、それを投票に来た人たちに教えてあげるのも面白いですし、何よりこのハーレムで暮らすいろいろな人たちに会えてよかったと思います。

──進路は決まっていますか。

大学に行こうと思っていますが、音楽やファッション、メイクなどにも興味があるので、専攻はまだ決めていません。リベラルアーツ(教養)のコースに行きたいと漠然と考えています。

──この学校の良さは、どういうところだと思いますか。

自分が学びたい、知りたいと思ったことを追求していくのに、家族みたいに親身になってサポートしてくれます。政治のことも、五年もかけて学んだからこそ、選挙にこれだけ関心がもてたんだと思います。

——選挙で世の中が変わると思いますか。

変わると思うし、そうでなければいけないと思います。経済的にも大変な時代ですが、国民一人ひとりの声にもっと耳を傾けて、みんなの声が反映される社会になってほしいです。

私が投票所の外でこの女子生徒にインタビューをしていたら、彼女の母親が現れた。娘が駆け寄り、ハグしながら投票を済ませたことを報告していた。母親も選挙権を得るまでに成長した娘の姿に目を細めている様子で、まるでお祭り騒ぎである。

——お母さんも嬉しそうですね。

そりゃそうですよ！　娘が選挙に参加するなんて。こんなおめでたいことはありません！

——この学校を選んだ理由は何ですか。

前に娘が通っていた学校は、勉強ができるといじめられたり、持っているブランド物で競うというような風潮がありました。ただでさえシャイな娘が、委縮しているように見えたのです。ニューヨーク市に対しては、政治もそうですし、公教育に対するサポート体制に不満を抱いてきました。でも、この学校は新しいやり方でしたので、娘も自分らしくのびのびと自己表現ができるのではないかと思ったんです。そのとおりになりました。

——娘さんの将来に関して、期待しているようなことはありますか。

いろいろな可能性を引き出すために、大学に行くことは非常に大事なことだと思います。娘は韓国語に興味があって、授業でも選択しています。異文化に触れることで、さまざまな角度から物事を見て、理解をし、考えられるようになるのではないでしょうか。大学に行くことが絶対だとは思いませんが、自分の好きなことに熱中しながら、自立をして幸せになってほしいと願っています。

別の投票所では、これから投票するという高三のガブリエレさんに出会った。アメリカの場合、まず有権者登録をしなければ投票ができない。この有権者登録も学校の活動の一環として、一八歳になった生徒たちが、みんな一緒に登録の手続きをしたそうだ。

投票中のガブリエレさん.

「登録のときにも緊張したけれど、いよいよ今まで五年間、勉強してきたことの本番だと思うと、すごくドキドキしています」とガブリエレさん。あえて名前は聞かなかったが、投票する人はすでに決まっているという。

「ディベートの授業でも、今のアメリカ

にはどういう政策が必要か、ということを散々議論してきました。私自身は外科医になりたいので、大学に対する資金援助について、どちらの候補者がよりよい政策を打ち立てているか調べました。この五年間の勉強で、国の政策について、より深いところまで考えるようになったと思います。不安な世の中ですが、次のステップがわかる安定した国にしてほしい。それらを総合して一票を投じます」

——あなたの一票で世の中が変わると思いますか。

「もちろん、変わります。そう信じています」

長い列に並んで一時間後。

「ああ、すっきりした！　とってもすがすがしい、いい気持ちです！」

投票を終えたガブリエレさんは、満面の笑みだ。

ガブリエレさんがこの学校を選んだ理由は、「もっと勉強をしたかった」からだという。以前に通っていた学校では、周囲の人と自分の考えが違い、何となく違和感を覚えていたそうだ。

「この学校に来てからは、知識を覚えるだけではなく、自分の考えを書く機会が多くありました。その中で、自分自身が医療に関心があるということに気づくことができました。母は看護師ですし、親戚にも医療関係の仕事に携わる人が多いんです。外科医になりたいと言いましたが、書いて表現することも好きなので、そういう勉強もしたい。その両方の勉強ができる大学を調べたら、ジョンズ・ホプキンズ大学なら私の希望を叶える条件がそろっていることがわかりました。どうしてもこの大学に行きたいので、毎日夜七時半から午前〇時過ぎまで、ライティングや数学、物理などの勉強をしています。それだけでなく、合間の時間には母が持っている医療関係の本を毎日読んでいます。夢がもてるのは、勉強してきたからこそ。私自身は、この学校に来て本当によかったと思っています」

I can't vote. But . . . you can!

大統領選挙を間近に控えたこの時期には、選挙権のない在校生もみな選挙の準備に追われる。合言葉は"I can't vote. But ... you can!" 子どもたちは、この合言葉が前後に書かれたスクールカラーの黄色いTシャツを着て、ハーレムの街に出る。そして、やはり同じ合言葉が書かれた黄色いカードを大人たちに渡しながら、選挙に行くよう声をかける。呼びかけをするための"Vote For Somebody"というパフォーマンスも用意されていて、選挙の一カ月前になると、歌と振付の準備にも余念がない。

選挙の手伝いをする子どもたち．胸と背中に「私は投票できないけど，あなたはできる！」．

前回二〇〇八年にオバマが大統領選挙に黒人として初めて当選したときほどの盛り上がりはないというが、それでもハーレムの人たちの大統領選に対する関心は高く、子どもたちが声をかけると、すでに投票を済ませていたり、今から投票所に行く、という人が多かった。行く気のなかったそぶりの若者たちも、子どもに駆け寄られると、「じゃあ、すぐに身分証明書などを取りに帰って、投票に行くよ」と踵《きびす》を返していた。

中には、中南米からの移民でスペイン語しか通じない人もいる。子どもたちは街の人たちの事情をよく心得ていて、そんな大人に出会うと、すぐさまスペイン語のできる子が登場して、投票に行くように促す。子どもに話しかけられると心が和むのか、一緒にたわいもないおしゃべりを楽しむ大人の姿もしばしば見受けられた。

小学生の子どもたちに「将来、大人になったら選挙に行きますか」とたずねた。

「もちろん！　だって、選挙って楽しいじゃない！　誰が大統領になるかと考えたらワクワクするし。大統領を私の一票で決められるのよ！」

2　若者の声を政治に反映させる①
——NPO“Rock the Vote”の活動

若者の政治参加をサポートする

若者の政治離れは日本に限ったことではない。アメリカでも、選挙に関心のある人とそうでない人とがいて、投票に行かない人たちも、もちろんいるという。というのも、日本では二〇歳になると自動的に投票する権利が与えられ、選挙が行われることになれば自宅(住民票で登録されている住所)に投票案内が送られてくる。しかしアメリカでは、一八歳になったら自分で自治体に有権者登録をしなければ投票できない、というシステムになっている(本書、池上の解説参照)。

国の未来を担う若者たちの声を政治に反映させるには、まず有権者登録を促すところから。そこで、ロックコンサートやイベントなどを開催しながら、有権者登録をする手助けをしたり、選挙に立候補した人たちとの公開討論会を無料でハイスクールに出前してくれるNPOがあるという。その名も"Rock the Vote"(投票を揺り動かせ!)。二二年前にできたこのNPO(本部はワシントンDC)は、現在たった八人で運営しているにもかかわらず、全米の若者たちに向けてあの手この手で政治と選挙の啓蒙活動を続けている。

Rock the Vote バスツアーの責任者,ミシェルさん.

二〇一二年一〇月初旬。大統領選挙の一カ月前に、オハイオ州にあるシンシナティ大学(公立)で有権者登録のキャンペーンイベントがあるというので行ってみた。有権者登録のキャンペーンは「バスツアー」だ。八月末、"Rock the Vote"とペインティングされたキャンピングカーでフロリダから出発。一〇月末まで二カ月をかけて全米二五カ所をまわるという。

バスツアーの責任者、ミシェル・クラークさんに話を聞いた。

「今回のバスツアーは、大学を中心にまわっています。目標は、一五〇〇万人の新しい学生に有権者登録をしてもらって、選挙に行ってもらうこと。毎日全米でいったい何人が一八歳になっていると思いますか？　一万二〇〇〇人ですよ！　一万二〇〇〇人が毎日有権者になっているんです。それだけの人たちが新たに有権者登録をして選挙に行ったとしたら、ものすごい影響力になると思いませんか？　日本ほどではないかもしれませんが、アメリカでも若者の割合は少なくなっています。でも国の未来を担うのは若者たちです。私たちは一八～二四歳の若者たちに特にスポットを当てて活動していますが、この世代の声を政治に反映させるには選挙に向かわせること。そうすれば彼らの声がきっと社会に反映される。そう信じています」

大音量のロックミュージックが流れる中、熱く語ってくれたミシェルさん。バスツアーのスタッフはたった三人だというのに、どこまでもパワフルである。

携帯電話やＳＮＳを駆使する

スタッフの人数が少ない分をカバーするもの、それが携帯電話やＳＮＳ（ソーシャル・ネットワーキング・サービス）である。ミシェルさんたちの声を届けるには、こうしたツールが欠かせない。E-mail はもちろんのこと、フェイスブックやツイッターで、イベント案内や有権者登録のタイミングなどを知らせる。

「選挙に関心がなかったり、有権者登録をしていない若者に多いのは、両親も選挙に行っていなかったり、両親も自分も満足な教育を受けていないので、そもそも政治に関心がない、というケースです。今や携帯電話を持っていない若者は皆無に等しいので、電話をかけたり、ＳＮＳを使って選挙に関する情報を知らせることで、一人でも多くの若者に投票してもらえるよう、工夫をしています」

今回の大統領選挙で「若者が注目しているトピックは何か」という声を集めたときにも、テキストメッセージという携帯サービスを利用して統計をとったそうだ。それによれば、一位・就職率、二位・教育の質、三位・学費、四位・戦争という結果になった。「こういう活動の一つひとつが、学生の頃から選挙で意思を伝えようという意識を高めます」とミシェルさんは言う。

有権者登録をしに来た、シンシナティ大学の学生に話を聞いた。用紙に記入さえすれば、手続きは、Rock the Voteが代行してくれる。あとは選挙当日に投票に行くだけだ。

有権者登録する学生．シンシナティ大学で．

●**エミリーさん**（二〇歳・看護福祉学部）

まだ登録をしていなかったので、代行してくれると聞き、手続きに来ました。誰に投票するかは、まだ決めていません。将来は看護師になりたいので、医療保険や社会保障については気になります。社会保障は、とりあえず平等でなければいけないと私は考えています。私の一票で政治が変わるかどうかわからないけれど、いい方向に変わってほしいと思います。

●**マットさん**（二〇歳・法学部）

空軍で働いているので、忙しくて登録をしている時間がありませんでした。今日、大学でできるというので、助かった！ と思いました。大学では刑法を専攻しています。今は週末だけ演習に参加していて、軍が奨学金を出してくれています。ハワイ出身で日系人の父親が空軍で働いていたので、私も自然にこの道を選びました（彼の姓はIZUMIさんという）。二〇年間は空軍で働くつもりです。空軍では宇宙工学の勉強もできます。将来の夢は宇宙開発に貢献すること。例えば、スペースシャトルのような宇宙プロジェクトの運営にかかわりたいのです。オバマ大統領は、宇宙開発の予算をカットしました。ですから、次の大統領は、そうでない人になってほしい。私の一票が生かされるといいと思います。選挙に関しては、空軍の仲間はとても関心が高いけれど、大学の友人たちはそうでもない感じです。

●**デロールさん**（一九歳・経済学部）

登録の手続きをしていなかったので、こうした活動は非常に便利だと思いました。やっと大人になったので、選挙で世の中を変えたい。自分が投票した人が当選すれば、世の中が自分の思う方向に変わる。それはエキサイティングなことですよね。私自身はここオハイオ州出身で、保守派の家庭に育ったのでロムニーに投票するつもりです。オバマのやり方は社会主義的です。若い人たちは周囲の雰囲気で投票する人を決める傾向があります。前回、初の黒人大統領としてオバマが選ばれたのも、そういう影響があったのではないでしょうか。

私自身が政治に言いたいことは、教育にかける予算が足りない、ということです。みんなちゃんと学校に行っていないから、きちんとした教育を受けていないから、仕事に就けなかったり、犯罪者が増えたりするんだと思います。教養が足りないのです。みんなが一定レベルの教育をきちんと受ければ、犯罪防止のためにお金を使う必要がなくなっていくはずです。学校では民主主義を教えますし、選挙に関しても勉強はしますが、経済との兼ね合いを考えると、民主主義はきちんと機能しているのでしょうか。私は、おかしな面もあると思います。お金の使い方は大事です。

●ジェルマイアさん(二七歳・心理学部)

ここから少し離れた村に住んでいて、そこでは有権者登録をしてあるのですが、今住んでいないその村で投票するのもちょっとおかしいと思って、変更の手続きをお願いしました(大統領選挙と同時に上院議員選挙などもある。自分が住んでいる自治体で議員が何をしてくれるのか、ということが一票を投じる判断材料になるからという理由だそうだ)。

私自身、大学生としては年齢が上ですが、途中で病気をして入院していた時期がありました。そのときに、保険に救われたのです。オバマがベストだとは言いませんが、オバマケアのことだけでも評価したいです。ロムニーは保険を真っ向から否定していますからね。それにロムニーは教育に関するテレビチャンネルを減らそうと言っています。そんなことをしたら、教育に対するアクセスが減ってしまうじゃないですか。

選挙で誰を選ぶかということを考えるときに、今ある課題を解決する方法を自分でも考えられなければ、その候補者が掲げる政策の是非が判断できません。スペースシャトルの開発が盛んだった頃（八〇年代）は、みんなが一番になれるよう勉強したほうがいい、という雰囲気でした。しかし今はそうでもありません。正直、私にも自分の一票くらいでは変わらないと思った時期もありました。でも、ブッシュ大統領の二期八年の間にイラク戦争が起きました。あのときも、どうせまたブッシュが当選するんだろうといって、投票に行かなかった人も多かったんです。そういうことではいけないと、私自身も猛省しました。

Rock the Vote の活動のように、若者の投票の手助けをしてくれるのは、とてもいいことだと思います。もっと学生たちが集まってもいいのに、と感じます。選挙のシステムは複雑で難しい面があるし、今度はＩＤカードとして運転免許証を持っていないと投票できなくなるかもしれない、という話も出てきています。それは、運転免許証を持てない貧しい人たちを選挙から排除することを意味します。こうした情報を若者たちで共有し、みんなの声を政治に反映させていけるようにしていきたいと思います。

Rock the Vote の活動資金は、“Childhood Education”“Civic Education”という基金や企業からの出資がほとんどで、個人の寄付もあるという。

活動する上で一番に心がけていること。それは、政治や選挙に関する情報を伝えるのに、公平で中立な立場を守ることだ。ただでさえ、選挙期間中はゴシップ的な情報が多々流れる。「「Rock the Vote の情報なら信頼できる」と若者に思ってもらえるよう、偏ることなく事実をきちんと伝えていきたい。それが私たちへの信頼につながり、投票へ、政治参加へと連なっていくのです」（ミシェルさん）。

3　若者の声を政治に反映させる②
——二五万人の子どもが参加する"Kids Vote"

どんな調査よりも的中率が高い!?

アメリカ大統領選挙の事前予測で、これまで二回しか外したことがないという調査がある。それが Scholastic という出版社が行っている"Kids Vote"だ。「選挙に参加できない子どもにだって、意見があるはずだ」と、一九四〇年に調査を始めた。七〇年以上経った今でも、当時の目的は変わっていない。最初のうちは本の販売促進も兼ねて、付録のカードを切り取って記入し郵送するという方法だった。しかし時代は変わり、現在はウェブ投票だ。今回で一九回目を迎えたこの調査には、全米二五万人の子どもたちが参加した。一〇月中旬の集計では、オバマ五一％、ロムニー四五％、その他四％（ジョン・マケイン、ヒラリー・クリントン、ロン・ポールなど）という予測で、僅差でオバマが再選を果たすという結果だった。本番の選挙でもオバマの得票率は五〇・五％だったので、すごい的中率である。どうしてこんなに当たるのだろうか。

「外では建前で話す親も、家庭の食卓では本音で会話をします。子どもは大人の話をよく聞いているので、その影響が出ているのではないかと推測しています」と担当のクリスティン・ジョーガーさんは言う。

ちなみに、過去二回予測が外れたのは、一九四八年に民主党のトルーマンが再選を果たしたときと、一九六〇年に共和党のニクソンが、民主党のケネディに敗れたときだという。このニクソンとケネディの対決は、テレビで初めて公開討論会の模様が放送されたときで、ビジュアル的にカッコ良かったケネディに対し、ニクソンは汗びっしょりの様子がオンエアされてしまった。その後ニクソンも大統領になるが、テレビ放送の威力がいかに大きいかということを思い知らされたという。

子ども記者も活躍

Kids Vote の活動以外にも、この出版社では、全米五〇州に子ども記者をおき、討論会で子どもたちの意見を伝えたり、ホワイトハウスに行って立候補者に会ったりという活動をしながら、その報告をウェブサイトで記事にして発表している。

私が取材に訪問したこの日は大統領選当日。たった今、全米三大ネットワークの一つ、ABCテレビのアンカーマンにインタビューをしてきたばかりだというフレッド・ヘシンガーくん(一二歳・七年生)に話を聞いた。ちなみにフレッドくんの父親はジャーナリスト、母親はライター。祖父はアメリカ発のニュース雑誌 *TIME* の記者だったそうだ。

「前回と今回の選挙の違いについて、質問してきました。前回はオバマの「チェンジ」がスローガンだったけど、今回は直前にニューヨークを襲ったハリケーンに政府がどう対応したのか、ということなどが大きく影響したようです。すぐに（ウェブに）アップしなければならないので、今から四〇〇ワードのブログを書きます」。子ども記者となって二年。オトナの記者顔負けの猛スピードで、あっという間に記事を書き上げていく。記事は編集者のチェックが入るが、フレッドくんの場合には、あまり手を入れる必要がないそうだ。「取材したことを自信をもって書けたときが嬉しい」という一方、将来はライターやジャーナリストだけでなく、ディレクターや俳優などにも興味があるという。

子ども記者フレッドくん.

　こうした根強い活動が、この国の民主主義の根底を支えているのかもしれない。

　二〇一三年九月。一一月に控えたニューヨーク市長選の予備選挙が行われた。前回二〇〇九年の予備選挙では、史上最低の一一％という投票率だった。ハーレムのデモクラシー・プレップ・パブリックスクールの子どもたちは、この日もまた街に出て、「投票に行こう！」と道行く人たちに呼びかけた。

　ミドルスクール（中学校）の六年生の受け入れから始まったこの学校は、子どもたちの成長と入学希望者の急増にこたえる形で学校を拡大。七年目を迎えた二〇一二年度にはハーレム全域に六校、キンダー（幼稚園）から一二学年（高校三年）まで一六〇〇人の子どもたちが通う学校へと成長を続け、ニューヨーク市教育局からも、教育内容について最高のレベルAという評価を得るなど、チャーター・スクール（親や教員、地域団体が州や学区の認可《チャーター》を受けて設ける初等中等学校であり、公費によって運営される）としても結果を出している。オバマ政権も優秀なチャーター・スクールに対しては積極的に支援する姿勢をとっていて、デモクラシー・プレップ・パブリックスクールに対しては国からの援助金として、向こう五年間で合計一五校に拡張するための予算九一〇万ドル（およそ九億一〇〇〇万円（一ドル＝一〇〇円で計算））が決まっていた。さらにその後、二〇一三年度（二〇一三年八月～二〇一四年六月）は、ハーレム地区とニュージャージー州に新たに一校ずつ開校。それだけでなく、二〇一四年度には、ワシントンDCやルイジアナ州をはじめ、全米に合計二五校を開校できるだけの援助金が国から支給されることとなった。

ハーレムから始まったこの新しい教育への挑戦は、政府から認められ、さらなる広がりを見せている。この挑戦が全米の教育をはたして「チェンジ」できるのか。

民主主義をどう教えるか

池上　彰

政治や選挙を身近に感じるアメリカ

アメリカというのは、不思議な国だ。国際社会では他国にアメリカ独自の論理を押しつけ、ときに横暴にすら見えるふるまいをするが、国内では、徹底した民主主義を貫こうとする。とりわけ象徴的なのが、四年に一度の大統領選挙だ。国家のトップを誰にするか。国中が熱狂し、激しい選挙戦が繰り広げられる。結果として、子どもたちも選挙のしくみを知り、民主主義について考えることになる。

日本では、衆議院選挙や参議院選挙など選挙のしくみは、小中学校の社会科（高校だと現代社会や政治経済）で学ぶが、教科書に書いてあることをなぞるのが大半である。実際の政治とは無縁のところで授業が行われる場合が多く、子どもたちにとって政治とは抽象的なもので、身近に感じないまま有権者になっていく。

日本の場合、二〇歳になると自動的に有権者になり、選挙前には選挙管理委員会から投票所入場券が送られてくる。よくできたしくみだが、結果的に自分の力で有権者の資格を獲得したという認識にはなりにくい。苦労したという自覚がないから、「投票に行くぞ」という気が起きないまま棄権する若者も多い。

アメリカも、投票率は概してそれほど高いとは言えないが（選挙によって異なるがオバマ再選時で六一・八％）、事前に有権者登録をしないと投票できないしくみなので、「努力して有権者資格を得た」という気になる。そんなアメリカの民主主義の現場を紹介しよう。

四年に一度熱狂するアメリカ

アメリカ大統領の任期は四年で、連続二期まで。現職の大統領は、一部の例外を除いて二期目を目指すから、現職に野党の候補が挑む選挙と、新人同士の一騎打ちの選挙とを繰り返すことになる。二〇一二年の選挙は、現職で民主党のバラク・オバマ大統領に対し、共和党のミット・ロムニー候補が挑んだ。

大統領選挙はもちろん激戦だが、実は大統領候補になるのも大変なのである。民主党も共和党も選挙の年の夏に党大会を開き、党としての候補者を選出する。ここで候補者になるためには、党大会に出席する代議員を、事前に自分たちの支持者で占めなければならない。過半数の代議員を確保した者が、党の正式な候補者になる。そのための代議員選挙が、選挙の年の一月から早々と始まる。大統領選挙は一一月に投票されるのに、それに向けた選挙運動は一月から始まるというわけだ。アメリカは一年にわたって熱狂するのだ。

代議員選挙は全米五〇の州のそれぞれで実施される。この様子はメディアで広く報道され、国民は激戦を目撃することになる。

予備選挙と党員集会の二通り

アメリカの州は、日本の都道府県のイメージではとらえられない。そもそもアメリカの建国当時、一三のState（国家）が一緒になって連邦を結成した経緯がある。今でもアメリカでは、五〇の国家がそれぞれ存在し、それがまとまって一つの連邦国家を形成している形になっている。そのため、各州に独自の軍隊（州兵）が存在するし、裁判所も地裁から最高裁まである。複数の州にまたがる事柄に関しては、連邦裁判所が担当することになっている。

となれば、各党の代議員選びも、それぞれの国（州）の代表者を選出するという意識になり、選出方法は州ごとに異なる。

選出方法は、予備選挙と党員集会の二種類がある。予備選挙は実際の投票と同じように、党員が投票所で投票する。このとき、党員しか投票できない州もあれば、党員以外の誰でも投票できる州もある。不思議なものだ。対立する党の党員も投票できるのだから。

一方、党員集会は、地域ごとに党員が集まり、話し合いをした上でそれぞれ投票し、その票数を州全体で集計する。

予備選挙や党員集会で獲得した票数でトップに立った候補がその州の代議員を総取りし、すべて自分の支持者で固めることができる州がある一方、獲得票数に比例した数しか代議員を確保できない州もある、実に多様な選挙方法なのだ。

二〇一二年一月にアイオワ州で行われた党員集会を取材した。

「党員集会」とはどんなもの？

アイオワ州はアメリカの北部、五大湖の南西に位置する農業州だ。トウモロコシの産地として知られている。

この州が、四年に一度だけオリンピック開催の年に脚光を浴びる。二〇一二年のアメリカ大統領選挙は一一月六日が投票日だった。

民主党の候補は現職のオバマ大統領で決まりだが、共和党は、二〇一二年一月時点では候補者選びを始めたばかり。この時点で七人が名乗りを上げていた。その後、一人、また一人と脱落し、最終的にロムニー候補に一本化されるのだが。

アイオワ州は、全米で最初に党員集会を開くことが、州の法律で決まっている。一方、予備選挙に関しては、ニューハンプシャー州が全米最初となっている。

アイオワ州の党員集会は当初、一月末に予定されていたが、他の州が一月に早めてきたため、対抗して繰り上げ、新年早々の一月三日になってしまった。取材する当方もこれに合わせ、元日に成田を発ったのである。えらい迷惑な話だ。

アイオワ州は、なぜ全米最初に党員集会を開くことにしているのか。人口三〇〇万人の農業州の州都デモインの人口はわずか二〇万人。新潟県の上越市とほぼ同じ。ここに全米はもちろん世界各地からメディアが殺到し、限られた数のホテルはすべて満杯。街道沿いのモーテルは、各陣営の選挙対策本部として貸し切り状態になる。

共和党の候補者に名乗りを上げている人たちは前年から足繁くアイオワに通い、支持を訴える。運動員も全米から駆けつけるので、アイオワ州に多額のお金を落とすことになる。さらに各候補は大量のテレビコマーシャルを流すので、地元のテレビ局には多額の収入が入る。アメリカでは、対立候補を批判したり皮肉ったりするネガティブキャンペーンのコマーシャルも認められているので、この収入も上積みされる。

まさに四年に一度のお祭り。経済効果ははかりしれない。州法で全米最初と決めた効果があるのだ。しかも候補者たちは、「自分が大統領になったら、アイオワ州のために頑張ります」と約束するから、州への利益誘導にも役に立つ。

まるで「学級委員選び」の党員集会

予備選挙も党員集会も、火曜日に実施される。そもそも大統領選挙の投票日が火曜日なので、それに合わせている。

日本だと日曜が投票日だが、アメリカはキリスト教徒が建国した国。安息日の日曜日に投票などとんでもない。では、土曜日に投票をしたらどうか。ところが、これだと開票が日曜日にずれ込むから、ダメ。月曜日に投票だと、選挙管理委員会のメンバーは日曜日から準備しなければならない。大統領選挙が始まった当初は、主な交通手段は馬車であり、投票所に月曜日に着くには日曜日に出発しなければならない人もいたので、結局、火曜日の投票に落ち着いた。

建国当初も今もアメリカは農業国。選挙は農閑期の一一月に実施することにした。「一一月の第一月曜日の翌日」と決めたのである。

これも不思議な日程だ。一一月も中旬以降になると冬支度があるから、一一月初旬にしたい。それなら「一一月の第一火曜日」としたらいいようなものだが、これだと一一月一日になる可能性がある。一一月一日は、キリスト教徒にとって大事な「諸聖人の日」。さまざまな過去の聖人の行跡を偲ぶ日。この日に投票というわけにはいかない。では、第二火曜日にしたらどうか。これだと、一一月一四日になってしまう可能性もある。これでは冬支度に支障が出る。というわけで、「一一月の第一月曜日の翌日」という不思議な規定になったのである。

さてさて、党員集会の話だった。

火曜日だと働いている人が多いので、党員集会は夜七時から始まる。アイオワ州全体では一七七四カ所もの会場に分かれて開かれた。会場は地域の学校だったり教会だったりと、さまざまだ。

この年は共和党の党員集会ばかりがニュースになったが、実は民主党も同時に党員集会を開催している。私が取材したデモイン市郊外のリンカーン高校では、民主党がカフェテリア、共和党が講堂を使って集会を開いていた。

民主党の党員集会では、オバマ大統領からのビデオメッセージを見て、オバマを候補にすることを確認。あとは地域ごとに教室に分かれ、地域が抱える問題などについて話し合っていた。

一方、共和党は、一〇〇人あまりの老若男女が集まり、地域の党役員の司会で集会が始まった。参加者の中から三人が立って、それぞれ支持する候補者に対して投票を呼びかける。三人とも用意してきたスピーチ原稿をたどたどしく読み上げるではないか。アメリカ人というと、流暢なスピーチをするイメージがあるだけに、素人くささが新鮮だった。

応援演説が終わると、投票開始。役員が小さな紙切れを配り、参加者はそこに候補者の名前を記入する。書き込んだ用紙は、参加者に回されたカゴに入れて投票終了だ。あとは、役員がみんなの前で開票。まるで小学校の学級委員選びのようで微笑ましいものだ。この数字が州の共和党委員会に報告され、集計される。集まった人たちが、阿吽《あうん》の呼吸で候補者を決めるのではなく、それぞれ応援演説をした上で、きちんと投票して決めるのである。

とても素朴な手法だが、アイオワ州の党員集会は一八四八年から始まっている。一六〇年以上も伝統を守り続けている姿に、草の根民主主義の原点を見る思いだった。これがアメリカの民主主義なのだ。

アメリカの国民は、「自分たちで大統領を決める」という思いを持っていることはよく知られているが、実は「自分たちで大統領候補を決める」という意識も、こうして形成される。まさに大統領選挙は民主主義の学校だ。

高校で本物の候補者が舌戦

増田さんのリポートに出てきた“Rock the Vote”は、大統領選挙より前の候補者選びの段階から、若者たちの政治意識涵養のボランティア活動をしている。

アイオワ州の党員集会に合わせて、地元の高校で、候補者の演説会を開催した。党員集会に合わせてアイオワ州に集まった共和党の候補者たちに掛け合って、高校で選挙演説をしてもらったのである。

本命候補のミット・ロムニー本人は現れなかったが、代わって息子が応援演説。こうした演説の司会も、高校生が取り仕切る。先生たちは、黙って見ているだけである。

共和党候補に名乗りを上げている人たちのうち、高校生の前に姿を現したのは、女性のミシェル・バックマンとロン・ポールだった。バックマンが、「この中で一一月に有権者になっている人は？」と問いかけると、約三分の一の高校生たちが手を挙げた。この試みは、単なる模擬選挙ではなく、実際の選挙運動に直結しているのだ。候補者本人が顔を見せるわけだ。

このうち、高校生たちに絶大な人気を誇ったのは、ロン・ポールだった。正式な名前はロナルド・アーネスト・ポールだが、愛称のロン・ポールで運動している。年齢はこの時点で七六歳。候補者の中では最年長だが、若者に人気なのだ。人気の秘密は、徹底した自由主義と米軍の海外派遣反対の主張である。

彼は徹底したリバタリアンとして知られている。リバタリアンとは、徹底した個人の自由、経済活動の自由を主張する人のこと。彼の意見は徹底していて、自由貿易を支持する立場から、WTO（世界貿易機関）からの脱退を主張。外国とFTA（自由貿易協定）を結ぶことにも反対。貿易は、企業が自由に行えばいい、というわけだ。

さらには、麻薬取り締まりにも反対している。麻薬を使用するかどうかは個人の自由であり、合法化したほうが、麻薬取引が地下に潜ることがなくなるし、取引に課税できるという考え方だ。

彼は小さな政府を主張し、教育省やエネルギー省などの廃止を求めている。教育省の廃止とは、日本の常識からすれば驚きだが、親が子どもにどんな教育を受けさせるかは個人の自由であり、国が口を出すべきではないというのが理由だ。

ロン・ポールの本領発揮は、対外政策にある。海外への徹底した不干渉主義が持論で、米軍の海外からの全面撤退を主張している。高校生を前に、「君たちを海外に送り出すことはしない」と宣言すると、高校生たちは拍手喝采だった。徹底した自由主義は、結局は弱肉強食で格差の大きい社会を作り出すという批判もあるのだが、主張を徹底させると平和主義者になってしまうから不思議だ。

この高校での試みで私が気になったのは、共和党という特定の政党の候補者たちの演説を高校で開いてもいいのか、という点だった。生徒たちと一緒になって候補者たちの演説を聞いていた先生に問いかけてみた。

「共和党の候補者だけの演説を聞かせて、公平性の面で問題はないのですか?」

その答えは、「今年は共和党しか候補者選びをしないのだから、当然でしょ」というもの。ははあ、おっしゃるとおりではあるのですが。

生徒の中には、「僕は民主党支持だから、共和党の候補者の演説を聞いても心は動かされないよ」と答える者もいる。なんとまあ、大人びていること。高校生のうちから自分が支持する政党や候補者を決めていて、それを公言する。大統領選挙を経験していると、高校生の政治意識は高くなるのだ。

「一八歳で有権者」の威力

高校生の政治意識が高いのには、他にも理由がある。一八歳で選挙権を得るからだ。

一八歳は、高校在学中に、みんなが達する年齢だ。アメリカの高校生は、「間もなく有権者になる」

と意識せざるを得ないのだ。「高校生から政治のことなんか考えたくない」という若者が多い日本とは大きな違いである。

日本でも、憲法改正に必要な国民投票について規定した国民投票法が成立した際、一八歳で投票権を得ることが決まった。ただし、公職選挙法など他の法律の「二〇歳以上」の規定も合わせて変更するまでは、それに準じて二〇歳以上になっている。世界の選挙制度を見ると、多くの国が一八歳以上を有権者と定めている。二〇歳以上という日本の規定は、ごく少数派なのである。

一八歳から投票権を得るというのは、日本で若者の投票率を上げる上で役に立つ方法かもしれない。現在のように二〇歳で投票権が与えられる場合、地方の高校生が大学入学や専門学校入学、あるいは社会人として都会に出てきたとしよう。自分が生まれ育った土地ではないから、候補者の名前に馴染みがない。誰に投票していいかわからない。結局、棄権につながりやすい。

これが一八歳で投票なら地元の候補者たちだから、幼い頃から名前を知っている。誰に投票すべきか、比較的決めやすいだろう。

投票所は小学校や中学校の体育館が使われる場合が多い。都会に出てきた若者には投票所の場所がわからないから、つい億劫になって投票に行かない。最初から棄権してしまうと、投票はどうやればいいのかわからないままなので、ますます投票所から足が遠のく。

一八歳で投票なら自分の母校が投票所になるだろうから、投票所に行くことはたやすい。最初に投票を経験しておけば、投票の手順を知ることができ、その後、都会に出ても投票に行く気も起きるだろう。

若いうちから投票できるようにすることで、今よりは若者の政治意識も高まるだろう。「最近の若者は……」と嘆いていないで、早くから責任を与えること。これは選挙にとどまらず、大事なことなのだ。

有権者登録の会場となったシンシナティ大学.

党大会はお祭りだ

大統領選挙が本格化するのは、それぞれの党が党大会を開いて候補者を正式に決定してからだ。

二〇一二年の八月に共和党大会、九月に民主党大会が開かれた。このうち共和党大会を取材した。

党大会の目的は、四年に一度の大統領選挙に向けて、党の正・副大統領候補を正式に指名すること。二〇一二年の大会は、共和党がフロリダ州タンパ、民主党がノースカロライナ州シャーロットで開いた。

党大会をなぜワシントンやニューヨークなどで開かないのかと思ってしまうが、ここには両党の戦略がある。フロリダ州もノースカロライナ州も、「スイング・ステート(揺れる州)」だからだ。

アメリカには、民主党の強い州と共和党の強い州がある。それぞれのシンボルカラーから、民主党の強い州は「ブルー・ステート（青い州）」、共和党の強いところは「レッド・ステート（赤い州）」と呼ばれる。これに対し、選挙のたびに民主党が勝ったり共和党が勝ったりする州がある。これが「スイング・ステート」だ。大統領選挙は、州ごとに決められた数の大統領選挙人を選出し、その合計で多いほうの候補が勝つしくみ。スイング・ステートをどちらが制するかで、大統領選挙の結果が左右される。そこで共和党はフロリダ州を、民主党はノースカロライナ州を党大会の場所に選んだというわけだ。

民主党の候補者は、現職のオバマ大統領で決まり。これに対して共和党は、州ごとに予備選挙を実施し、候補者選びを続けてきた。それぞれの州の代議員を、どの候補が獲得するかの戦いだった。この戦いを制したのはロムニーだった。そのロムニーを正式な党の候補に指名する儀式が党大会なのである。

共和党大会は三日間の予定で、タンパ市のアイスホッケー用の屋内ドームで開かれた。五〇〇〇人が収容できる巨大な施設だ。ハリケーン襲来で初日の予定はキャンセルになり、候補者指名は大会二日目になった。

候補者指名は、ＡＢＣ順に紹介される州の代議員代表が、誰に投票するかを宣言する。州に割り当てられた代議員数の全部を一人の候補者に投票する州もあれば、複数の候補者に分散するところもある。その数を、会場の中央演壇に座った担当者が集計していく。

宣言の半ばで、ロムニー候補を支持する代議員の合計数が過半数を超えた。途端に、演壇後ろの画面が輝き、「過半数突破」の表示が出る。会場は大喝采。事前にわかっている結果だが、イベントとして楽しむのである。

アメリカの大統領選挙は四年に一度、オリンピック開催の年に行われる。オリンピックがスポーツの祭典だとすれば、党大会は「政治の祭典」なのだ。

アメリカの党大会は、夜に開かれる。午後七時から一一時までという時間だ。副大統領候補や大統領候補の演説はテレビの全国ネットワークで生中継されるので、視聴者が一番多いゴールデンアワーに合わせる。それが午後一〇時からの一時間。アメリカは東海岸と西海岸の間に三時間の時差があるので、フロリダで午後一〇時はアラスカで午後七時。この時間から始めれば、とりあえず全米どこでもゴールデンアワーの放送になるというわけだ。

党大会で誰に演説させるかは、党の全国委員会の腕の見せどころである。この時点でのロムニーの支持率はオバマとほぼ同じだったが、「人間的な親しみやすさ」や「女性の支持」、「ヒスパニック（スペイン語を話す中南米系の人たち）や黒人の支持」ではオバマに差をつけられていた。このため、大会二日目は女性議員や女性の知事が次々に登壇。ロムニー夫人も登場し、夫ロムニーの魅力について語った。三日目は、ヒスパニックの女性知事やブッシュ政権時代の黒人の女性国務長官だったコンドリーザ・ライスが登場。

四日目の夜にようやく真打登場。ロムニーが指名受諾演説をして、会場を盛り上げた。みんな演説が見事で、日本の政治家とは大違い。その巧みさは聞いていて楽しく、エンターテインメントになっている。政治は楽しくなければ。この発想が日本には欠けていると痛感した。

大統領選は言葉の戦い

民主主義とは言葉の戦いだ。言葉を武器に戦う。言葉を積み重ねて支持を広げ、相手を論破する。有権者も、候補者の利益誘導ではなく、発せられる言葉で投票する候補者を選ぶ。これが民主主義だ。この点でもアメリカの大統領選挙は、民主主義の学校になっている。

大統領選挙で誰に投票するか。有権者にとって大きな判断材料になるのが、大統領候補同士による討論会だ。全米のテレビが生中継し、六〇〇〇万人以上の視聴者が見るのだから、まさに天王山。選挙の華と言ってもいいだろう。討論会は全部で三回。さらに副大統領候補同士の討論も一回実施される。副大統領としてどちらがふさわしいか判断する機会というわけだ。大統領にもしものことがあったら、副大統領が大統領になるのだから。

二〇一二年の大統領討論会では、一回目の討論会の直前の世論調査で、オバマ候補がロムニー候補を引き離していた。ところが、一回目の討論会ではロムニー候補が攻勢に出て、オバマ候補は思わぬ苦戦を強いられた。その結果、直後の世論調査では、ロムニー候補がオバマ候補を逆転してしまった。候補者同士の討論会で帰趨が決する。まさに言葉の戦いだ。こうなるとオバマ大統領は、二回目の討論会で挽回しなければ危ない。一〇月一六日に開催された様子を現地で取材した。

場所はニューヨーク・マンハッタンから車で一時間半ほどの場所にあるホフストラ大学。知名度がそれほどあるわけではない。場所を提供し運営に全面的に協力することで、大学名を知ってもらおうというわけだ。討論会場の横の体育館がメディアセンターとなり、全米・全世界から報道陣三〇〇〇人が集まった。大学にとって、いい宣伝だ。

この討論会は、タウンミーティング方式。投票する候補者を決めていない八〇人の市民が二人の候補の前に座り、質問を投げかけた。

この討論会ではオバマ大統領の攻めが目立ち、討論会直後のCNNテレビの世論調査では、「オバマの勝ち」が四六%、「ロムニーの勝ち」は三九%。オバマが盛り返したのである。

大統領候補同士の討論会は、まるでボクシングの試合のような様相を呈するのである。

大統領選挙の結果速報が伝えられるニューヨークのロックフェラー・センター前の広場.

ボランティアの運動員が戸別訪問

アメリカの選挙と日本の選挙の一番の違いは、戸別訪問が認められているかどうかだろう。

日本では、公職選挙法で戸別訪問が禁じられている。戸別訪問だと、運動員が玄関のドアを閉めて中に入ると買収をしやすくなるから、というのが禁止の理由だ。なんとも有権者をバカにしている。戸別訪問が禁止となれば、候補者は選挙カーを走らせ、名前を連呼することになる。政策が語られず、名前の連呼ばかり。日本の選挙の貧しさを感じてしまう。

これに対して、アメリカは(イギリスもそうだが)候補の運動員が一軒一軒訪ね、選挙パンフレットを手渡して投票を依頼する。実に明瞭だ。選挙カーでの名前の連呼など生まれようがない。

運動員たちは、完全なボランティア。地域の党支部に集まり、党の政策集や候補者を紹介するパンフレットを受け取り、それぞれの担当地域に散っていく。全員がボランティアだから、選挙運動にお金がかからない。アメリカの大統領選挙は費用がかかることで知られるが、主な支出先はテレビCM。それ以外は、あまりかからないのだ。

運動員が戸別訪問をすれば、そこの家の人と自然に政治論議に花が咲くこともある。これぞ草の根の民主主義だ。人々は、あまりに当たり前のこととして受け止めているのである。

もっと政治論議を身近なものに

日本では、若者の政治的関心の低さが選挙のたびにニュースで取り上げられる。そんな中で、若いうちに政治に関心を持つと、〝変わり者〟として仲間外れになりかねない。これでは日本の若者の政治意識は成長しない。

欧米では、よく学校で模擬選挙を実施する。国政選挙に合わせて、生徒たちも投票してみるのだ。これを実際の結果と照らし合わせる。こうして、学校での政治のしくみの勉強が、生きた知識になっていく。

その点、日本では実際の選挙を対象にクラスで投票をするようなことがあると、保護者の反発を受けたり、メディアが否定的な取り上げ方をしたりすることがある。「学校の場に政治を持ち込むな」

というわけである。

しかし、これは、「学校に政治を持ち込む」のではない。「学校で政治について学ぶ」のだ。もっと実際の政治を教材にして、政治について考える機会を持つことが大切だろう。

さらに、一八歳から投票権を与えることで、高校生の段階で政治意識を高める。

その上で、政治家・候補者たちがもっと言葉の力を信じ、自分の言葉だけで戦うことのできる人間になること。今の日本の民主主義に必要なのは、こうした訓練であろう。日本の学校の先生たちの努力に頼るところが大きいが、学校での政治教育が必要なのだ。

●取材先のアメリカらしさのなさに驚くが……

池上　いかがでしたか、アメリカの取材は?

増田　そうですね。私はこれまでアメリカで取材したことがあるのは、ニューヨーク郊外のスカースデールやボストンの学校で。

池上　スカースデールね。高級住宅地で、日本人の駐在員の子弟が多く通っている名門校があるところだね。

増田　それからサンフランシスコ。アメリカは西と東とではまた全然違う空気ですね。西は何かにつけてアメリカで先端的なことをやってきたという自負がありました。

この本のために今回行ったところがハーレムだったので、それまでとは全然違いました。

池上　あの学校(デモクラシー・プレップ・パブリックスクール)の光景は、強烈だよね(笑)。

増田　学校に入ったらシーンとしていて、これがアメリカかと思いました。生徒たちが教師の質問に、すっと手を挙げて答えていく。今までのイメージとのギャップに驚きました。

池上　ハーレムは一般的にがやがやと無秩序なところが多いので、そこに規律を導入しようということですか。

増田　おっしゃるとおりです。学校が設立された経緯が、規律を重んじるということですし、アジアの教育を自身で見てきて評価している校長ですから。成績についてもデータがあって、設立当初に入学してきた子どもたちはさほど成績がいいわけではないんですが、伸び率が凄いんです。チャーター・スクールとして実績を積んでいるので、その評判と、なんといっても暴力がないということに、保護者もみな感動する。

池上　暴力の問題は、本当に大きいんですね。

増田　勉強させてくれるからと人気も高いのです

デモクラシー・プレップ・パブリックスクール，選挙のパフォーマンスを練習する子どもたち．

が、この学校を取材していて心配だったのが、子どもたちにストレスが溜まらないかということでした。授業中も移動時間も私語は禁止で、トイレに行く時間も休み時間もままならないような環境にいたら、緊張するばかりでリラックスできないのではないだろうかと。ただ、そこはちゃんと考えられていて、例えば小学校の場合、金曜日の午後には、選挙のためのパフォーマンスを練習したり、歌って踊りながら勉強までしてしまおうというプログラムが用意されていたんです（**写真**）。舞台と客席がある集会室に行くと、映像や音楽に合わせて、子どもたちも先生も総立ちではじけるように歌って踊っていて、しかもその合間には、パワーポイントで合衆国憲法や三権分立などについて勉強するコーナーもある。これぞまさにアメリカ！という光景でした。

池上　登場する先生が「アメリカの公教育には期待できない」と言っているのが印象的ですね。

増田　この学校には、「ここではやりたいことができそうだ」という噂を知った教師が全米から集まってきています。彼らに話を聞くと、公教育に期待するのをやめた、現場のやる気のなさに辟易した、新しいことをやろうとすると疎まれる、などと言う。教師に限らず、やる気のある人は状況を打開しようとするものだと思うのですが、ここで問題になるのが、教員免許のことです。アメリカでは各州で別々に免許を出しているので、西海岸からニューヨークにやってきた先生は、カリフォルニア州の免許があっても、ニューヨーク州では無免許扱いになる。隣のニュージャージー州の免許でもダメです。ただ一から新しく教職課程を取る必要はなくて、大学院に行き、いくつかの科目で単位を取得すれば正規の免許を手にすることができるようです。仕事の合間の時間に大学院に通って免許を取得する教員もいれば、無免許のまま教壇に立つ教員もいます。

池上　でもほかの州で免許はとっているから、教える基礎はあるわけだよね。

増田　ええ。それからチャーター・スクールの場合、教員全体の三〇%までは無免許でも教壇に立てることになっています。ただ、このハーレムの学校の場合には、「大学に行く」ということが校訓になっているので、最低限、大学の学部卒の資格は必要です。ほとんどの教員が大学院（マスター：修士）の資格を保有していますが、それが絶対条件ではありません。セス校長としては、科学者、法律家、エンジニアなど、その道のプロで知識のある人が教壇に立つことは何も問題はないと考えていました。採用に当たっては、「熱心さ、謙虚さ、賢さ」がある人材。物事の全体をとらえる能力、任務を遂行する能力、失敗や挑戦を乗り越えた苦労と努力の経験があること、難しい子どもに対して献身的であきらめない、そして十分な知識。以上を採用の条件に挙げています。

イギリスのエセックス大学を卒業して獣医外科病院の看護師と五年の教員経験ののち、三年前にこのハーレムの学校に来たという理科の先生もいました。イギリスとアメリカでは免許がまったく違うので、アメリカで免許を取得するためには再度アメリカの大学に行かねばなりませんが、そのつもりはないし、必要ないと思っているそうです。この学校で教員になろうと考えたのは、成長を続けている学校だから、自分もその中でリーダーシップをとって実力を発揮できるのではないかと思ったからだとか。

●日本をうらやむアメリカ、アメリカをうらやむ日本？

池上　アメリカではレーガン大統領時代の一九八三年に、アメリカの教育についての有名な報告書「危機に立つ国家（A Nation at Risk）」というのがまとまったんですね。教育レベルが低い、学力低下が深刻である、日本を見習おうということになって、七九年に連邦の教育省をつくっている。それまでアメリカにそんな組織はなかったんです。教育は自治体の管轄なので。各地区に日本の市町村よりももっと小さな単位で教育区というのがあって、教育委員の選挙があり、その教育委員が親たちの代表ということで、カリキュラムに対する意見を言ったり、学校のことを考えたりという運営の仕方をしていた。それがこの頃に、ナショナル・カリキュラムがないのが問題なのではないか、という話になった。

当時日本では詰め込みの画一教育に対する批判が高まっていたのに、アメリカは逆に、日本に見習おうとしていたんですよ。「イギリス病」に苦しんでいたイギリスでも、サッチャー政権が一九八八年教育改革法で、「ナショナル・カリキュラム」と「ナショナル・テスト」の導入を決めています。

日本の教育にも問題は沢山あるけど、アメリカの実態を見てみると、暴力がないという点だけでもレベルが違いすぎると痛感させられたりして、結構日本もいけてるじゃんと思わなくもない。どうですか。

増田　教え方や内容も、極端に型にはめすぎなければ、日本の教育も評価できるところはとても多いと思うんですよね。例えば漢字や計算をドリルで学び、小さなテストを日常的に行う。脳トレが一世を風靡しましたが、基礎的な知識を身につけることは必要です。よく、日本人の子どもが欧米の学校に転入して、現地の算数や数学のレベルの低さに驚くという話を聞きますが、そうした基礎学力が身についているから、お金の計算やお釣りに間違いが少ないし、識字率も圧倒的に高いのでしょう。

それから例えば、ものすごく身近な例ですけれど、日本の給食は世界に誇れるものですよ。アメリカで子どもたちの食生活の荒れが深刻だからヘルシーな給食をと、サラダバーを取り入れてみたところ、ニューヨークのハイスクールなどでは、野菜がみなゴミ箱行きになってしまっているそうです。もちろんアメリカでも州によって給食の取り組みは違い、西海岸のサンフランシスコ・バークレーなどでは、「食べられる校庭」(菜園づくり)を実現している学校などもあります。フィンランドなどヨーロッパの学校に行ってランチを一緒にとらせてもらうこともあるのですが、食材やメニューの豊富さなどの観点から見ると、日本の給食がいかに素晴らしいかということがわかると思います(次ページの**写真**)。日本で

第２章で紹介するソトゥンギ高校の給食．日本的な感覚からすると品数は少なめ．

バークレーにあるマーチン・ルーサー・キング・ジュニア中学校．荒れた学校を「食べられる校庭」づくりと給食で立て直した．今ではサラダバーは大人気．

積極的に給食に取り組んでいる学校には、アメリカやドイツをはじめ、欧米各国からの視察も多いのです。子どもの生活を底支えしているという点で、食育はとても重要なものだといつも思って取材しています。

池上　僕が日本の教育が「極端に行かない、安定性も確保されている」という点で思い浮かぶのは、教育委員会制度の政治的中立性のことですね。例えばアメリカの南部の州では、非常に極端なキリスト教原理主義者が教育委員になって、学校で進化論を教えないようにさせたりしています。進化論が書かれている生物の教科書は採択するな、とね。アメリカの場合、進化論をしっかり教えている教科書をつくると採択率が落ちるんですよ。リベラルな各州は違うけれど。でも教師にしてみれば、教える側の良心として進化論を教えたいですよね。アメリカには日本のような教科書検定制度がないから、教科書会社がいわば相手に合わせた作り方をしてきて各教育区単位で採択する、それが徹底しています。

かつアメリカでは各教育区というのがとても小さくて、ハーレムのような地区になると教育税があまり集まらないから、施設が良くなかったり、先生の給料が低かったりということになってくる。日本とはそこが大きく違うでしょう。財源や先生の労働条件など、基本的な条件が違うんだね。

増田　教育税は、その地域の住民が払っているということですね。

池上　それとアメリカの場合、一二カ月のうち給料が支払われるのが一〇カ月分なんです。つまり六月で生徒が進学や卒業をして、次の学期までの間は給料が出ない。それにそもそも給料が高くないから、先生たちの多くはアルバイトをするわけですよ。学校の仕事とはまったく関係ない、警備員などのアルバイトをする先生もいます。

増田　給料の問題は大きいかもしれません。ハーレムの学校に集まってきている先生はやる気があるけれど、アメリカ全土で見れば、仕事をするモチベーションをどうやって上げるか、ということにもなりますね。

池上　それに学校の先生の社会的地位があまり高くないでしょ。そこはフィンランドなどとは違うところですよ。

増田　アメリカは免許更新制です。免許も州ごとに発行されるので、そのしくみも各州によって異なりますが、おおむね次のとおりです。大学（多くは教育学部）卒業後に「予備免許状」が発行されます。カリフォルニア州の場合には、その有効期限は五年。その後大学院に通ったり、州による研修を受講したり、薬物教育やＩＣＴ（Information and Communication Technology：情報通信技術）教育に関する科目などを履修することで、正規の免許が得られるシステムになっています。そしてその後も五年ごとに更新していく必要があります。ニューヨーク州の場合には、予備免許状から正規の教員免許状を取得する際に、三年間の教員経験と修士号の取得が必要になりますが、その後、免許の更新をする必要はありません。つまり終身免許ということです。このように免許取得のために修士号が必要な州もありますが、多くは少しでも高い給与をと考えて大学院に行くそうです。

フィンランドもそうですが、フランスやイギリス、ドイツには免許更新制はありません。フィンランドの場合にはその分、教員養成が徹底的に行われています。フランスでも教員は主に中産階級の仕事で給与も決して高くはない、という言い方をしていましたが、私学は全体の一七％程度でほとんどの教員は公務員であるため、住居の取得や年金などの面で優遇されていると聞きました。

池上　第一次安倍政権が提言を出して二〇〇九年に教員免許更新制が導入されましたが、更新制自体の論議は日本でもずっと昔から言われてきたことですね。八〇年代の臨時教育審議会の頃からそういう議論はあったけれども、進まなかった。日教組（日本教職員組合）もそれなりの力を持っていたし。

でもそういう話になると、医師免許も更新しようという話になってくるよね。医師に最新の知識がないのはよっぽど問題だろうということになるけど、そこは日本医師会が強いので、無理なわけですよ。

増田　多少脱線しますが、日本にも医師・歯科医師の分野には、各学会が認定する専門医制度が入ってきていますよ。一般の人にはあまり知られていないかもしれませんが、一定年数の研修や講義を受けて筆記や実技試験に合格する必要があり、認定後も例えば五年単位などで更新を義務づけている学会が多いです。最近はクリニックの院長略歴や看板などに、指導医・専門医・認定医と明記されているところも増えてきているので、それを確認してから行くようにしています。

池上　知られてないのは、制度のアピールが足りないんじゃなくて、それが広がっちゃうと専門医じゃない人たちが困るからでしょう（笑）。

教師について言えば、昔はそれぞれの地区で、学士様、大学を出た先生なんて非常に少なかった。みなよくわからないまま尊敬して、敬意をもって接していた。それがだんだん大学進学率が高くなってきて親が大学まで行くようになると、「この先生、どの大学出てるの？」というふうになってきた。

増田　ヨーロッパでは高等教育の年限が日本と違います。学士三年、修士二年でトータルすると五年なんですね。フランスではサルコジ政権時代に教育実習をなくしたそうですが、社会党のオランド政権に交代して、実習を復活させようとしています。具体的には、修士二年のときに実習を充実させ、それを経て初めて正規の教員資格を得られるというもの。

フランスでは、ＰＩＳＡ（ＯＥＣＤによる国際学力調査）の順位（フランスはベスト一〇圏外）についてはあまり移民の子どもの教育問題なども抱えているのであまり気にしていませんが、その分析結果をもとに、教員の量・質ともに高めて、教育を充実させねばならないと考えています。どの国も政権が変われば揺れ幅も大きいのです。

池上　サルコジは新自由主義的にさまざまな改革をしたが、社会党のオランドになったらまた政策が変わる。政権が変わるたびに教育政策が変わるということの不安定さもありますよね。日本はどうかな。昔から日本は、スウェーデンの社会保障はすばらしい、教育ならフィンランドって、部分部分で取り入れようとしているけれど。

増田　政策を立案するときには、その国の国民の気質や価値観みたいなものが大きく影響してくると思うので、部分的に制度を取り入れてもなかなか難しいのではないかと思うんですけどね。スウェーデンをはじめ北欧の福祉国家と言われる国は、「高負担・高福祉」です。消費税も基本は二〇～二五％程度。国民合意のもとにそれを実施してきました。そうした合意形成がどこまでできるのか、どうつくっていくのか、という点においては、日本の未熟さを感じることも多いですね。

フランスでは、二〇〇〇年に政治の世界で、多くの国政・地方選挙で立候補者の男女同数を義務づける法律を決めました。これに違反した政党は助成金を減らされる、いわば罰金制度付きです。しかし導入当初は、女性を増やさず助成金を減らされてもいい、その分を当選者の数で補うと考えていた政党が多かったそうです。政治家の間でも女性候補を見つけるのが大変だという意見が大半でした。でも、ふたを開けてみたらまったくそんなことはなく、法律が適用されない小規模の自治体ですら、女性の議員が現れ始めたのです。二〇一二年に成立したオランド政権では、三四人の閣僚のうち一七人を女性、しかも移民や三〇代の若手が占めることになった。法律ができた頃は、男女の人数の割合を義務づけるということが、自由や平等を大切に考えるフランス人には受け入れにくく反対意見も少なくなかったそうですが、義務づけることで世の中が変わっていったことも確かなようです。

●政治参加は自分のため

池上　アメリカの話に戻るけど、民主主義を教えるということのさまざまな活動の層の厚さですね。公立高校に特定の政党の実際の選挙候補者を呼ぶなんて、本文に書いたとおりだけれど、日本では考えられないね。

増田　日本でも、新聞各社による子ども記者の活動や高校生の模擬投票など、政治が身近になるような活動は行われていますね。私の地元の神奈川県では松沢知事時代に、全県立高校で模擬投票を行うようにしました(二〇一三年夏の参議院選挙に合わせた模擬投票では、全一四六校、四万二〇〇〇人の生徒が参加)。ただ、東京など他の自治体で、学校が単独で模擬投票を行おうとすると本番の選挙と同じ準備が必要なため時間がかかるし規制も多く、生徒から要望があっても、実施するのはなかなか難しいと聞きました。神奈川県の模擬投票後の生徒たちの反応では、選挙への関心が「以前より高まった・やや高まった」と答えた割合が五〇%を超えたそうです。ただ、私も自分が教えている生徒たちに毎年、選挙権や成人にふさわしい年齢などについて問いかけていますが(欧米諸国は一八歳だと提示)、全体的に見ると、政治との距離が遠くて、選挙権も成人としての年齢も二〇歳のままでいい、なるべく責任をもちたくない、周りに合わせていたい、決断したくないという高校生の方が多いような気がしますね。

池上　二〇〇七年に成立した国民投票法で、国民投票ができるのは一八歳と決まったでしょう。でも公職選挙法などが決まるまで暫定的に、ということでした。これまで二〇歳から大人ということだったけど、酒や煙草はどうなるって大きな話になる。でもアメリカだって一八歳で選挙権はあるけど、酒が飲めるのは二一歳からだし。

増田　何から何まで全部同じ年齢に統一しようとしなくていいと思いますけどね。実際、国民投票の一八歳規定を先行して国会で審議するようですけれど(二〇一三年九月一七日報道)。

池上　アメリカのようにリーダーは自分で選ぶということになると、当然普段から、みな政治に関心をもつようになるわけですよ。日本ではそういうことができないと言われてきたけれど、最近は自民党か民主党かが勝てばどちらかのトップが首相になるわけだから、自分たちで選べるということに事実上はなってきている。だから、もっと普段から政治の話を活発に行ってもいいんだけど、そういうことを学校でやると、問題視されるんだろうな。

増田　政治の話はタブーというところが根強いですよね。

池上　春香クリスティーンさんというスイスと日本のハーフのタレントがいるでしょう。彼女が日本に来て、高校で誰も政治の話をまったくしないから、びっくりしたというんですよね。

増田　ハーレムの人たちは、勉強ができないと、つまり基礎知識をもっていないと、ニュースを見ても新聞を読んでも、今ある問題が何か、それに対して政府や行政がどのように対応しようとしているのかということについて、是非の判断ができないというんですよね。自分で考える力がないとその手前で終わってしまう、だから自分で勉強しなければならないって強調していました。今回取材した学校では勉強ができるようになる、大学に行くという目標こそ掲げていますが、政治に参加するのは、自分で判断する力をつけるためだということを強調していました。

池上　日本でも「自分で判断しなければならない」とはよく言われるけど、そのためには基礎的な力がないといけないということですよね。

率直なところ、結論としては、アメリカの教育は多様だ、ということですか。

増田　はい、そのとおりです。州ごとに違うし、地域によっても違う。また、同じ地域にあっても、公立、私立、またハーレムの学校のようなチャーター・スクールでも違う、ということです。ハーレムの学校を取材して、自分たちの理想の教育をやりたいという勢い、熱意は強く感じました。でも、同じ地域にあったチャーター・スクールでも、成果が上がらずにつぶれてしまった学校もあります。うまくいかなかった場合のリスクも大きいですよね。

池上　日本でチャーター・スクールが話題に上りだした九〇年代頃、僕もいいなと思ったけど、アメリカでもうまくいっているところはそう多くないということでしょう。考えてみれば臨時教育審議会の時代にすでに、学校選択制、バウチャー制、チャーター・スクールといったいろいろな改革が俎上に上がってはいましたよ。議論が盛り上がっては、現実を前に消えていく。

増田　日本の公教育を卑下することは一つもないと思いました。均質的なものが保たれていると思う。

池上　画一教育と批判されるけれど、一定のレベルは確保されているということですね。

増田　これだけの人口規模で、ある一定の質を維持している。現場を見に行くと、先生たちは本当に頑張っていると思います。取材で親しくなったある公立小学校の先生はこう言っていました。「いろいろな改革がなされるたびに現場は右往左往するけれど、でも、とりあえず自分にできることは、目の前にいる子どもたちのことを考えて行動する、それだけなんですよね」と。

池上　アメリカの教科書はとても分厚くて、読み進めれば独学ができるようになっている。それは学校の先生の力量に期待していないからでしょう。日本は教科書が薄く、ただ読んでいるだけではダメ。よくも悪くも先生たちがきっちり教えることを前提にしているからね。

2

エネルギー問題をどう考えるか

フィンランドがロシア帝国から独立した(1917年12月6日)記念日についての授業．エスポー市，サウナラハティ小学校．

フィンランドの原発所在地.

「信頼」に基づいて邁進するフィンランドの教育

取材・文＝増田ユリヤ

二〇一一年三月一一日に起きた東日本大震災による東京電力福島第一原子力発電所(以下、フクシマ)の事故。世界を震撼させたこの事故後も、原子力発電の継続と新たな原子力発電所(以下、原発)の建設推進を確認した北欧の国フィンランド。その背景には、国や電力会社に対する国民の「信頼」と「合意」、そしてお互いの「責任」があるという。

今なお続くフクシマ事故後の被害に対して国や東京電力に任せたいと思っても、どうしても「疑念」を払拭できないでいる、というのが多くの日本人にとって正直なところではないだろうか。原発の是非を問う前段階の課題として、国と国民が「信頼」し合い、お互いに「合意」し、「責任」をもって国の問題に取り組んでいくには、いったいどうしたらいいのか。どうしたら、そのような考え方を国民一人ひとりができるようになるのか。フィンランドの原発事情と教育現場の実践から考えていく。

1　原子力発電とフィンランドのエネルギー政策

安全性の確保と情報公開

フィンランドで原発についての検討・計画と導入が始まったのは、一九六〇年代のことだ。現在稼働中の原発は四基。五基目も建設中で、さらに二基の増設も決まっている。八六年に隣国(旧)ソ連のウクライナ共和国でチェルノブイリ原子力発電所の事故が起きた直後は、国民の心情を慮って、政府は一時的に原発について取り上げない時期もあった。しかし、フィンランドという国の歴史的経緯、経済的側面、自然環境条件とその保護などを考え、九〇年代に入ってから国会で再検討が行われるようになった。もちろん、検討を再開した当初は、原発にエネルギー供給を頼ることに反対意見も多かった。しかし、国の危機管理という観点から考えたときに一番いい方法は、近隣諸国からの輸入に頼るのではなく、自国で使うエネルギーは自国で供給することだ、という結論に達した。以後、国民合意のもとに原発導入を推進してきたという。フクシマの事故後もその基本方針が変わらないのはなぜか。フィンランド経済産業省原子力エネルギー・グループリーダーで、産業カウンセラーのヘリッコ・プリット氏に現地で伺った。

「フィンランドは隣国ロシアに占領されてきた歴史があります。そのため、エネルギーの大半をロシアからの輸入に頼っている現状を何とか克服して独立を確固たるものにしたい。また、二一世紀を迎えて以降は、自然環境の保護という観点も重要な要素になってきました。地球温暖化の問題を考えると、二酸化炭素を排出する火力発電は減らしたい。では水力発電はどうかというと、森と湖の国と言われるフィンランドですが、地形に高低差がないため水力発電に頼るのは不可能です。結局、現時点では、二酸化炭素を排出しない原子力が、自然環境を大切に考えるわが国にとって最良の選択肢ということになります。もちろん、そのための安全確保と住民に対する情報公開は徹底して行っていて、国民の合意を得た上で選択した結果です」

フィンランドは、森林・パルプ産業、鉄鋼業などを基幹産業とする工業国である。エネルギーが必要なものが多く、産業界だけでその半分を消費しているという。国際競争力を考えても、エネルギー価格の高騰は避けたいし、安定した供給が欠かせない。

とはいえ、当然、フクシマの事故後には、事故原因の調査報告の内容をフィンランドでも検討したという。

「大地震による津波の被害。町が車が、家が人々が、次々と大津波に飲み込まれていく映像を、私たちも、世界中の人たちも見ています。想像できないほどの自然の脅威を、日本の東北から、フクシマから全世界が学んだのです。原発を稼働するにあたって安全性の確保がいかに大切なことか、ということも。ただ、フクシマの場合には施設自体が古く、事故が起こってから改善を考えるような状況でした。そこがわが国とは違います。フィンランドではたとえメルトダウンが起こったとしても放射性物質が外部に漏れ出さないような安全確保を何重にもし、その技術を常に更新して、住民に情報公開をしています。もちろん原発に反対する人は常に一定数存在しますが、五〇対一ぐらいの割合で大多数の人が原発を継続していくことに合意しているのです」という。実は、プリット氏自身が三年前までは、現在建設中の原子力発電所の現場責任者を務めていた。現場の経験者を政府のエネルギー問題の要職に配置するという采配にも感心させられたが、現場を熟知しているからこそプリット氏は「原発の安全性に対する信頼には自信をもっている」と堂々と発言できるし、国民も政府に対して「信頼」を置くことができるのであろう。

国は原発の推進・支援をしていない

ここまでの話だけ聞くと、原発を推進しているのは「国」のように思える。しかしフィンランドは、国自体が原発を推進・支援しているわけではない。

フィンランドのエネルギー確保のポイントは、次のとおりだ。

①自国で使うエネルギーは、できるだけ自国で確保したい
②エネルギーを確保するための予算は国が組む
③エネルギーを確保する方法は、フィンランド国内にある三つの「電力会社」が考えて選び、国会はそのプランの審議をして承認する

つまり、電力会社が検討した結果、主なエネルギーの供給は「原発」を選択することが現時点では最良の方法と考えた。そこで原発によるエネルギー需給のプランを作成し、それを国会で審議・承認した結果、原発が推進されている、ということなのだ。電力会社三社は民間企業である。民間企業が原発を運営しているからこそ、政府はそれに対して独立した立場で見解を出すことができるという。

原発推進の計画と説明に関しては、ＳＴＵＫ（フィンランド放射線・原子力安全局）というチェック機

関がある。政府から完全に独立した機関で、三五〇人余りの局員のうち二〇〇人が原子力や放射線に関する大学の学位を持つ、という専門家集団だ。ＳＴＵＫのチェック機能はポリス(警察)よりも厳しいとされ、国民のポリスへの信頼性が七〇％だとしたら、ＳＴＵＫに対する信頼性は八〇％はあるという。

危機管理の方法としては、

①全国二五〇カ所余りに空気中の放射線量を測定するモニタリング装置を設置し、随時測定する

②原発で事故が発生したら、ただちにＳＴＵＫの専門家に通達。二時間以内に緊急対策部隊を発足させ、三シフト制で二四時間活動できる体制を整える

③政府やメディアに対しては、緊急対策部隊の管理部から情報を発信する

というシステムになっている。

事故が起きた場合には、専門家が一五分で事態を把握し、対策を練って二時間以内に活動に移る。最悪の場合にどのような状況になるかを判断するのだという。そしてリアルタイムの気象情報の分析と、放射性物質の拡散の推測をした上で、政府や原発の現場にいる人たちに結論と勧告を作成して知らせる。具体的には、どんな対策をとって、どう避難すべきか、ということだ。あくまでも「勧告」というアドバイスなので法的権限はないが、実際に政府はこの勧告に従って行動している。こうしたシステムが政府に対する「信頼」の背景にあるのだ。

もちろん、原発を運営している電力会社にも安全確保の責任がある。電力会社は自ら他国の原発の状況などを調べてリポートを作成し、ＳＴＵＫにそのリポート審査を依頼する。その審査結果をもと

にして、国内にある原発の各施設の改善が必要かどうかを検討し、常に設備のメンテナンスと更新を行っている。全体の調査は一〇年ごとに行うが、それ以外にも毎年さまざまな角度からチェックを行っている。フクシマの事故直後には、ＳＴＵＫが各施設に質問を投げかけて、安全性の確認を行った。こうしたチェックによって各原発の施設や設備の機能がますます改善され、リニューアルされることによってさらに安全性が高まり、お互いの信頼もより強固なものとなっていくのである。

「核のゴミ最終処分場」を世界で初めて実現へ

原発に頼る国すべてが直面している問題。それが、使用済み核燃料＝「核のゴミ」をどう処理するのかという問題だ。日本はもとより、使用済み核燃料の処理と核廃棄物の最終処分場選定については世界中が頭を抱えていて、どの国も問題の先送りをしている状態だ。

そんな中、フィンランドは原発を導入するという話し合いが始まったときから、この「核のゴミ」問題について考えてきた。最終処分場についての具体的な話し合いがスタートしたのは一九八〇年代から。政治的な合意は得ていたので、技術的な問題についての検討を始めた。そしていよいよ、世界で初めての「核のゴミ最終処分場」を自国の中に確保しようとしている（スウェーデンも場所は確保）。詳しくは、この後の池上の解説を参照されたい。

法律の整備と再生可能エネルギーの開発

フィンランドは一九九五年にＥＵに加盟した。メンバーになると、ＥＵ内での統一したルールに則って物事を進めなければならない場面が出てくる。そのために国の法律を改正する必要も出てくるが、フィンランドではそれを見越して「核のゴミ」を自国から持ち出すことも、他国から持ち込むことも禁止するという法律をつくった。これは、例えば現在はロシアをはじめ他国から電力を買っているが、たとえその電力が原発によるものだとしても、他国の原発から出た「核のゴミ」をフィンランドに持ち込むことはできない、ということを意味する。これを実践していく上でも、最終処分場を作り、電力は自国内でまかなう方向にシフトしていきたいと考えるのは、フィンランドの人にとって当然のことである。

現状では、フィンランドで電力生産量が一番多いのは原子力（二八％・二〇一〇年）だが、原子力だけに頼っていこうと考えているわけではない（図）。EUでは、再生可能エネルギーの比率をEU全体で二〇二〇年までに二〇％に引き上げるという目標を立てている。フィンランドだけを見れば、三八％というEU基準以上の目標を掲げている。つまり、国としても原子力から再生可能エネルギーに電力の供給をシフトしていきたいと考えていて、国民もその方向性を支持しているという。具体的には、風力、太陽光、地熱などのほか、波力発電にも取り組もうとポルトガルの海で実験と研究を始めている。また、森林・パルプ業が盛んな国なので、製材所の削り屑やおが屑をバイオ

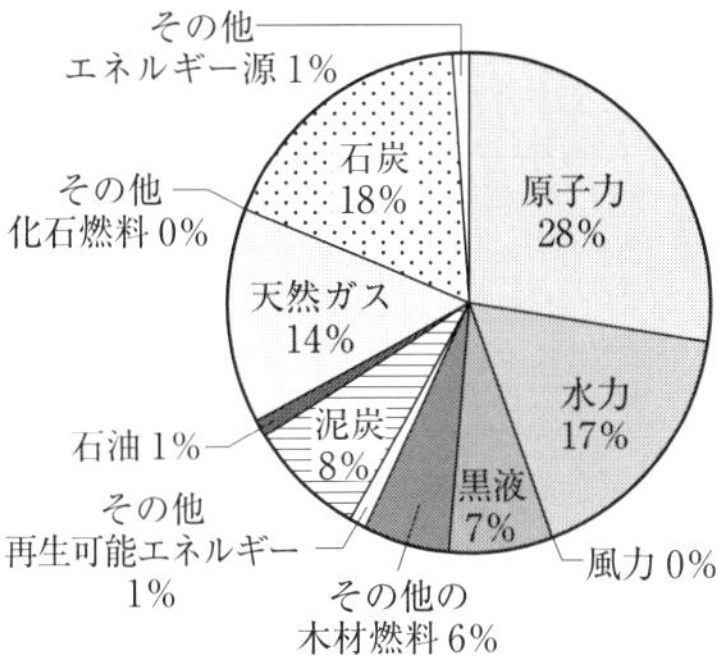

2010 年エネルギー別電力生産量
（電力生産量 77.2 TWh）
出典：フィンランド統計局

マスエネルギーの原材料として利用を拡大していく政策も掲げている。

現実を見据えながら、起こりうる問題が解決できると判断してから実行に移す。しかし、現状がベストなものでなければ、さらによりよい方法を模索していく。一見当たり前のようなことに見えるこうした姿勢を、きちんと貫いている国が世界にどれだけあるだろうか。

2 居心地のいい環境づくりが「信頼」を育む
――エスポー市、サウナラハティ小学校

自国の問題を国民が自分たちの問題としてとらえ、政府も国民もお互いの「信頼」をもとに、納得と合意の上で問題解決に向かって進んでいく。当たり前かつシンプルなことのように思えるが、それがうまく機能していない日本を振り返ってみたときに、どうしたらそうできるのか、という素朴な疑問が私の中に浮かんだ。その疑問に対する一つの答えが、フィンランドの「教育」の中にある。

ＯＥＣＤによる国際学力調査（ＰＩＳＡ）で常にトップクラスの成績をおさめていることで注目を集めてきたフィンランドだが、教育の現場でもキーワードは「信頼」だという。いったい、どういうことなのだろうか。

校舎の設計に教師も生徒も参加する

ヘルシンキの西隣、エスポー市にあるサウナラハティ小学校を訪ねた。二〇一二年夏に新築移転したばかりだという校舎は、「これが学校なの？」と思うほど、モダンで機能的なデザインだ（写真）。

地下一階地上二階建ての校舎は、鳥が大きく翼を広げたような形で、木とガラスがふんだんに使われている。通りに面した教室は美術や家庭科の実習室で、すべてガラス張り。道行く人たちに子どもたちの様子を見て楽しんでもらえるようになっている。玄関を入るとすぐ左手が図書室だ。子どもが学校にいる時間帯は、廊下との間が可動式の透明な間仕切りで仕切られているが、放課後になると地域

サウナラハティ小学校のモダンな外観．グリーンフラッグ(67ページを参照)がはためいている．

透明な間仕切りで仕切られた図書室．

暖かなオレンジ色のソファがある教室.

の人たちにも開放されるため、間仕切りが外されてオープンなスペースになる。廊下の途中には、壁を掘り込んだような小さな空間があって、子どもが自由に出入りして過ごせるようになっている。「初めて新しい校舎に足を踏み入れたときには「王宮」に来たかと思ったわ！　これまでの校舎は、バラックというとオーバーかもしれませんが、住宅街の中にあって木造平屋の小さな古い建物だったのでね」と、迎えてくれたハンナ・サラコルピ校長（五〇歳）が満面の笑みで話し始めた。

「新しい校舎に移転することが決まってからは、私たち教員も教育者の立場で図面を引くところから参加して、意見を取り入れてもらいました」

教室のつくりはもちろんのこと、校舎に使っている部材に関しても、環境に配慮したものを徹底的に厳選したという。基礎の骨組みには一〇〇年の耐久性がある特殊な素材を用い、天井や壁などの内装には、本物の木や木屑を圧縮してリサイクルしたパネルなどがふんだんに使われている。学校で使う電力に関しても、試験的に地熱や太陽光を利用できるシステムを取り入れた。「自然に優しいマテリアルにこだわりました。小さなことですが、トイレに設置する手拭きのタオルを紙にするか布にするか、そんなことにもスタッフで議論を重ねました。最終的には、ロール式になった布の手拭きを採用しました」とハンナ校長。

新しい学校づくりに参加できるのは、教員ばかりではない。子どもたちにもどんな教室がいいか、学校には何があったらいいと思うか、意見を聞いて取り入れている。子どもの意見で多いのは、校庭にはこんな遊具が欲しいとか、教室の中にも遊ぶスペースがあったらいいとか、ソファやマットを置いてほしいとか、そんな声だ。前述の廊下にあった小さな空間も「隠れ家のような場所が欲しい」という子どもの意見を取り入れたものだ。一〇〇％とはいかないが、子どもたちの要望も実現している。「自分たちも学校づくりに参加しているんだ、意見を言うと採用してもらえるんだ、と子どもが実感することに意義があるんです」とハンナ校長は言う。

居心地のよい環境づくり

「もう一つ、私たちの学校が誇れること。それは環境教育に力を入れている学校に与えられる「グリーンフラッグ」の称号を持っていることです」

今年で六年目になるという「グリーンフラッグ」とは、エコスクール・プロジェクトとして、ヨーロッパ、アフリカ、南アメリカなどでも行われている活動である。フィンランドでは、フィンランド環境教育支援協会が窓口となり、活動の認定と支援を担当している。ここサウナラハティ小学校では五人の教師と各クラスの代表一人がチームを組んでリーダーシップをとり、ゴミの分別やエネルギーなど日常生活の中の環境問題を考え、よりよい環境づくりを目指している。毎日の給食の後片付けや掃除、残菜の分別、リサイクルセンターの訪問や、森の中で自然を守る体験学習を実践するなど、活動自体は特別なことではない。あくまで生活に根差したものだ。ゴミの分別やリサイクル、省エネなど、日本の学校や家庭でも環境教育の実践は定着してきている。フィンランドの環境教育との間に違いはあるのだろうか。

三年生の「自然と環境」という授業を見せてもらった。教室には二四人の子どもたち。部屋の隅には赤いソファとマットが敷いてある。教科書の単元のタイトルは「世界で一番ステキなところ」。このステキな場所とはどこか。実は「自分のおうち」のことを指している。

一つ目のトピックには「約束を守ろう」とある。内容を見てみよう。

「一緒に暮らす家族にはルールがあるから、遊びに行く前には宿題を済ませ、親に行き先をきちんと伝えてから出かけよう」

「友だちの家に遊びに行くときには、時間を守ろう。もし遅れたときには理由をきちんと話そう。友だちが遅刻したときには、理由をきちんと聞こう」

「学校からまっすぐ帰らない日は、親にきちんと言わなければいけない。電話で連絡をしよう」

二つ目のトピックは、「物事は相談しながら決めよう」。この日の授業はここから始まった。担任のミンナ・ウェリン先生が子どもたちに話しかける。

ミンナ先生「心配なこと、恥ずかしいこと、がっかりしたことがあったら、常に大人に話して解決しよう、と教科書に書いてあります。どんな人に話したらいいですか?」

子どもたちの手が一斉に挙がった。

女子「家では、お父さんやお母さんに話します」

ミンナ先生「学校ではどうですか？」

男子「先生とか、保健師さんとか……」

ミンナ先生「そうですね、学校にはカウンセラーもいますね。そういう人たちに話して、困ったことがあったら助けてもらうといいですね」

男子「でも、お父さんやお母さんに話すと、ケンカになってしまうよ」

ミンナ先生「家族で意見が合わないというのは、普通のこと。家族でなくても、意見は違っていいんですよ。ただ、批判的になって、相手をたたきのめすようなことを言うのは良くないことですよ」

ミンナ先生の授業.

三つ目のトピックは、「家族以外にも、いつも助けてくれる人がいることを覚えておこう」。

ミンナ先生「家族以外の人に助けてもらわなければならないことはありますか？」

男子「近所の子でお父さんもお母さんも、お兄さんまでアルコール中毒で、自分と弟が放っておかれて怒っている子がいるよ」

ミンナ先生「みんなは、どうしたらいいと思う?」
女子「ほかの大人に話して助けてもらわなきゃダメだと思う」
ミンナ先生「そうね、大人に話をしないといけないね」
女子「子どもが相談できる電話とかってあるんでしょ?」
ミンナ先生「よく知っているね。そうしたところに電話してももちろんいいのよ」
男子「どうしてそうなってしまうのかな?」
ミンナ先生「家族がお互いに信頼できていないんだね。悲しいことだね」
こうしたやりとりのあと、子どもたちはワークブックの課題に取り組んでいた。そこには、自分の家族のルール、守りにくい約束、どんなことで家族はお互いに助け合っているか、といった質問が並んでいた。ミンナ先生は、単元全体の内容をまとめるキーワードとして"luottamus"(フィンランド語)という言葉を何度も使っていた。英語で言えば"trust"=「信頼」である。
これも、環境に関する授業なのだろうか。
「自然環境も学校の環境も、家庭環境もすべて、子どもたちにとって居心地のいい場所であることが大切です。居心地がいい環境にいることで、人は初めて心を開くことができます。それをとことん追求していくことから、自分たちの社会、国、世界が同じように心地よい環境であるためにはどうしたらいいか、ということを話し合い、考えられるようになっていくのです。そこには「お互いの信頼」が不可欠です」とミンナ先生は言う。

グリーンフラッグ会議の活動

毎月一回、月曜日のお昼休みに開かれるグリーンフラッグチームの会議を見せてもらった。参加したのは、一～三年生各クラスの代表一〇人と担当の先生が二人。会議は先生たちがいつも使っている会議室で、大人と同じ環境で行っている。会議の内容は「エネルギーを無駄遣いしないためにはどうしたらいいか」、「お友だちも自分も、ちゃんとゴミの分別ができているか」ということもあれば、「クリスマスプレゼントは、どういう買い方をしたらいいか」ということもある。自分のことだけでなく、友だちのことも考えながら話し合うことによって、小さな子どもにも「責任」をもたせるねらいがあるそうだ。この日の議題は、三日後にひかえた「お友だちの日」をどう過ごしたらいいか、ということだった。フィンランドでは二月一四日のバレンタインデーは、子どもにとってはお友だちと仲良く過ごす日でもある。

先生「みんなにとって、お友だちって誰ですか?」

一年女子「人間だけ?」

二年男子「動物だってそうだよ」

三年女子「赤ちゃんでもおじいさんでも、友だちは友だちだよ」

先生「みんなは、〈お友だちの日〉をどうやって過ごすの?」

一年女子「いつもさびしがっていた子の家に突然遊びに行ったら、すごく喜んでくれたよ」

先生「それはよかったね」

二年女子「おばあちゃんのお誕生日でレストランに行ったら、おばあちゃんのお友だちがたくさん来ていて一緒にお祝いしてくれたの。私も楽しかったわ」

先生「いくつになってもお友だちって大切だね。どんな風に〈お友だちの日〉を過ごしたらいいか、クラスに戻ってみんなで話してね。その結果をメールで送ってくれたら、校内放送で紹介します」

校内放送は、主に映像によるものだ。教室だけでなく、廊下のあちこちにテレビ画面があって、そこで学校にいる人たち皆が、連絡事項や情報を共有できるようになっている。子どもたちの活動を動画で流したり、意見をまとめて発表する場としても活用している。

話し合いの結果を報告し合い、さらにみんなで考えを深める。この繰り返しが自分の発言に責任をもち、他人を理解し、お互いの信頼を育むことにもつながっていくのだろう。

ちなみに、ここサウナラハティ小学校の新校舎には、保育所、中学校、地域の図書館（六五ページ）、ユースセンター（児童館）が同居している。会議には、こうした他の学校や施設の関係者にも参加してもらって、一つの建物で一緒に暮らす快適さについてさまざまな角度から意見を出し合い、話し合うこともあるそうだ。

小学校は、新校舎一年目の今年は一～三年生が在籍。三年生は単独でクラス編成しているが、一・二年生は一緒のクラスで学ぶ複式学級の形をとっている。複式学級は旧校舎にいるときからのスタイルで、当時は校舎が小さく人数も少なかったため、二年生までしか受け入れていなかった。子どもたちは三年生になると地域の他の小学校に転入していたのである。新しい校舎では中学校までの教室が確保されているので、九年生まで転校することなく、ずっと同じ学校で学べることになった。教室が増えても、子どもの教育効果の観点から（お互いに教え合う）、一・二年生の複式学級の形はそのまま継続するとハンナ校長は言っている。

途上国の子どもの活動をお手伝いしよう!

ハンナ校長がもう一つ子どもたちの活動として取り入れているのが、途上国の子どもの支援に、子どもたち自らが参加することだ。具体的には、国連公認の国際NGO "Plan" が行っている活動の資金援助をしている。

ハンナ・サラコルピ校長.

Plan の活動の大きな目的は「子どもたちとともに進める地域開発」。貧困にあえぐ地域の住民が自立して暮らしていけるよう、住民と子どもが主体となってその計画を立て、行動を起こしていけるようサポートすることだ。サウナラハティ小学校の子どもたちが支援しているのは、パキスタンで暮らす七歳の女の子。その子が成人になるまできちんと教育を受けられるよう、資金援助をしている。例えば、学校の保護者会でバザーを開くときに、そのお手伝いをすることでお駄賃をもらえるという許可を出す。お駄賃なので、その金額は一ユーロや五〇セントという少額ではあるが、それを子どもたちが集めてPlanに送金すると同時に、女の子に宛てた手紙を書いて送る。パキスタンからは定期的に女の子からの手紙と、寄付がどのように使われているのかという報告がPlanを通して届く。

「女の子の成長の様子や、自分たちが集めたお金で彼女が勉強することができるようになったということが、彼女の感謝の言葉とともに手紙で知らされることは、子どもたちにとってとても衝撃的なことです。フィンランドとパキスタン、距離は離れていても、自分たちが小さなかかわりをもつことによって、これだけのことができるんだ、という強烈な体験になります。彼女に対する責任感も生まれます。こうした体験から、地球全体で暮らす人たちのことを考え、自分たちには何ができるか、何をすべきか、ということがおのずと考えられるようになる。そう信じています」とハンナ校長は目を輝かせる。

自分たちが支援している子がこんなに大きくなったんだ。パキスタンの子たちはこんな生活をしているんだ……。そんな感動が、子どもたちの成長に大きくつながっていく。

3 世界のリスクについて学ぶ
――ヴァンター市、ソトゥンギ高校

「世界のリスクについて学ぶ」という科目

原子力発電は本当に安全なのか。ほかにもっとよい方法はないのか。そうしたことを考える授業が高校で行われているという。授業のタイトルは「世界のリスクについて学ぶ」。教科書の内容を見ると、原子力発電などエネルギー問題と地球温暖化から始まり、移民、食糧と飢餓、自然災害、都市化

と少子高齢化、医療問題など、テーマは多岐にわたる。選択科目だが、どの高校でも人気が高い科目だという。

ヘルシンキ市に隣接する、ヴァンター市にあるソトゥンギ高校を訪ねた。「世界のリスクについて学ぶ」を担当しているのは、地学のパシ・ヴィルパス先生（五一歳）。テーマがさまざまなので、授業も、地学や地理、生物などで扱う内容を、いろいろな角度から学んでいくという。

たまたま私が訪問した前の日に、北朝鮮で地下核実験が行われたというニュースがあった。さっそく、パシ先生は授業の冒頭でそのことに触れていた。

パシ先生「昨日、北朝鮮で地下核実験が行われたよね。そのニュースは知っているかな？」

生徒「もちろん、知ってます。ビックリしたよな」

生徒「本当に、恐ろしいよね」

一五人の生徒たちがそう言いながら、うなずき合っていたので、聞いてみた。

「遠いアジアで起きたことに、みんな関心があるの？」と。

すると、生徒たちは口々にこう言った。

「もちろんだよ、だってアジアは世界経済の中心でもあるからね」

選択授業だから、世界の国々で起きていることについて関心の高い生徒が多い、ということもあるだろう。でも、日本の高校の授業では「世界のリスク」というテーマの立て方で、国際情勢についてアプローチをする「科目」はないのではないか。

フクシマの事故からエネルギー問題を考える

この日の授業は前回の続きで、「エネルギー問題をどう考えるか」がテーマだった。

東日本大震災からちょうど二年を迎えたので、大津波と原発事故の映像、福島から避難している人たちの様子などを、前回の授業中にビデオで見たそうだ。その感想を話し合う。

生徒「町も車も人もみんな津波にのまれていく、ショッキングな映像だった」

生徒「あれは、現実なんだよね。恐ろしい……」

生徒「日本は地震が多い国なんでしょう？　今回のフクシマの事故を見ても、原子力発電は日本には向いていないんじゃないかな」

パシ先生「じゃあ、フィンランドの原子力発電については、みんなどう思っているのかな？」

生徒「フィンランドは、地震も津波も活断層もないし、最新の技術で対応しているから心配していないよ」

ここで、パシ先生が「原発が不安な人は？」と聞いた。二人の生徒が手を挙げた。

生徒「たとえフィンランドの原発が大丈夫だとしても、国境に近いロシアには古い原発があると聞いています。どういう管理をしているかわからないし、チェルノブイリの事故があったことを思うと、安心できません」

生徒「じゃあ、フィンランドの技術をロシアに売ればいいんじゃない？」

生徒「そんなお金、誰が出すと思う？　だいたいロシアは天然ガスとか石油とか、資源がある国なんだ。フィンランドだって、今はそのエネルギーを買って輸入している。そんな国が原発の技術を買うために、フィンランドに対してお金を出すとは思えないよ」

地続きのヨーロッパでは、環境問題を考えたときに、隣国の状況も大きく影響してくる。たとえ自分の国が脱原発を唱えたとしても、隣国が原発を使用していて仮に事故が起こったとしたら、その影響から逃れることは不可能だ。ソトゥンギ高校の生徒たちはどちらかというと淡々と話をしていたが、話は尽きない。パシ先生もその様子を見守りながら、ときどき自分の考えを述べたり、質問を挟んだりして、授業が進められていく。

生徒の一人が日本から来た私にも質問をしてきた。

生徒「フクシマの原発事故から逃れて避難している人たちはどうしていますか？」

私が、今行われている除染作業や帰宅困難区域のこと、漁業を営む人たちが、放射能による海の汚染で仕事がいつ再開できるかまったく見通しが立たないこと、ふるさとに帰りたくても帰れない人たちの現状などを話すと、こういう返事が返ってきた。

生徒「政府は無責任じゃないの？　少しでも危険で健康や命にかかわるのだったら、フクシマとその周辺の人たちを移住させることが一番だと思うけど」

生徒「私もそう思う。何が一番大事なのか、優先順位を考えて行動しないと。命がなければ元も子もないじゃない」

そこにパシ先生が割って入ってきた。

パシ先生「みんなの考えはよくわかる。命が一番大事だというのは、誰にとってもまぎれもない事実だ。ただ、ちょっとみんなに考えてほしいことがあるんだ。私の妹は南アフリカ共和国の人と結婚して、結婚後はフィンランドを離れて南アフリカに住んでいた。でも、アパルトヘイト（人種隔離政策）が撤廃されたときに、これまでの恨みから白人は襲われる危険があるからと、国外に逃げ出す人たちがたくさんいたんだ。妹の結婚相手の親戚も、すぐさまオーストラリアやニュージーランドに移住していった。それを聞いて私は正直驚いたよ。自分の国を、故郷をそんなに簡単に離れることができるのか、故郷は自分のソウル（魂）がある場所じゃないかと。そう考えると、私はフクシマの人たちの心情がわからなくもないんだ」

パシ先生の妹さん一家はオーストラリアに移住したあと、最終的にフィンランドに居を構えて落ち着いたという。

パシ先生の話が終わると、スカーフをかぶった女子生徒が手を挙げた。

生徒「私はモロッコで生まれて、五歳のときにフィンランドに移住してきました。自分の生まれ育った国を離れることは、子ども心にもとても不安でした。仲のいい友だちと別れなければならなかったことが悲しかった。父親がフィンランドで仕事をしたことがあったので、その経験だけを頼りに移住を決めたようです。今は生活も落ち着いていますが、父も母も、きっと不安だらけだったのではないかと思います」

生徒「自分の祖国を離れるのは、簡単なことじゃないよね、きっと」

ここでまた、パシ先生が授業の流れをエネルギー問題に戻した。

パシ先生「フクシマの事故から、そこで生活していた人たちの現状や、生きていく上でのリスクを考えた。少し話を戻して、そうしたリスクから、エネルギー問題について今日は考えよう。その国によって、政府のやり方や考え方が違うし、もちろん文化だって違う。フィンランドでは、今もこれからも原子力発電は続けていくということで、国民も合意している。でも、本当に原子力発電に頼っていていいのか。今後一〇年間に、どういうエネルギーを選択していくのがいいのか、ということは考えなければいけない問題だよ」

パシ先生の授業.

生徒「EUのメンバーとして、再生可能エネルギーを採用していく目標も掲げているよね」

パシ先生「みんなは、どのエネルギーを選んでいったら、いいと思うかな?」

生徒「僕は、波力がいいと思います。目の前に海があるんだから」

生徒「風力発電パークみたいなものを作る、という方法もあるかもしれないけれど、その施設を作ることが環境破壊につながらないかな?」

生徒「風力は、風が吹かなければ電気を起こせないよ」

パシ先生「自然エネルギーは住むところの環境によって、選んでいかなければいけないね」

生徒「水力発電は高低差が必要だから、フィンランドにはあまり向いていないし」

生徒「個人でソーラーパネルを設置したり、地熱を利用したり、自家発電を行うようにすれば、大きなエネルギーに頼る必要がなくなるんじゃないの？」

生徒「でも、交通とか、公共機関で使う電力は必要だよね」

短い議論のあと生徒たちは各自でペアを組んで、風力、波力、地熱、太陽光など、あらゆる再生可能エネルギーの長所・短所と、フィンランドでの実現可能性について分担して調べ、発表をした。フィンランドの現状では、原子力発電を選択するのは当然だが、新しい可能性を追求していく必要がある、ということでこのテーマの授業を終えた。この授業は一コマ七〇分。パソコンルームに移動して、調べるところまでを一コマでこなし、次の授業の半分を発表の時間に費やした。発表の仕方は、ビデオを短く編集して見せてもいいし、写真を見せながら話してもいい。ウケを狙う必要はないけれど、皆に興味をもってもらえるようにプレゼンをする、というのがパシ先生からの注意事項だ。新聞記事や写真を取り込んだり、映像を一分程度に短くまとめたりして、生徒たちは要領よく、あっという間に資料を作り、発表に臨んでいた。発表時間も三〜五分程度と短いけれど、要点がよくわかる内容にまとまっていた。

その次に取り組んだテーマは「三つのリスク」。乾燥・干ばつ、地震と津波、トルネードなどの自然災害、という三つのリスクに関して、北米・南米・アジア・アフリカ・ヨーロッパ・オセアニアなど、世界を地域ごとに分担し、それぞれの地域にはどういうリスクがあるか、これまでの歴史を踏まえて考える、という授業だった。この授業も、使用した時間は一コマ半。パソコンルームで調べていた生徒たちに話を聞いた。

男子生徒「二〇〇四年に起こった、インドネシアの大地震と津波について調べています。たしかフィンランド人にも、この地震と津波の犠牲になった人がいたんですよね。僕は地理が好きだし、地球のことにすごく関心がある。それを現代の問題と照らし合わせて、自分で勉強していく授業だから、とても面白いです。今日のテーマは、ペアを組んでいる子と二人でドキュメンタリー形式の短い映像にまとめて発表しようか、と話し合っています」

女子生徒「アフリカを調べていたらナイジェリアで原油の流出事故があって、環境にひどい悪影響を与え、住民の飲み水も汚染されていることがわかりました。その環境汚染が世界に与える影響も心配だし、政情も不安定なようです。アフリカというと、干ばつとか自然災害しかないと思っていたのですが、石油の事故があったなんて本当に驚きました。思いもよらない世界の現状を知ることができるこの授業は、毎時間が楽しみです」

クリティカル（危機的）な時代を生き抜く

「答えのない授業なんです」とパシ先生は言う。

「人生はリスクの連続です。それを乗り越える答えに、たった一つの正解などはありません。そのときの状況に応じて、みんなで知恵を出し合い、どういう道を選択していくのか、ということを考える訓練をこの時間にしています。エネルギー問題について考えたときにも、「完全なものはない。すべてのエネルギーには何か問題がある」ということにまず気づいてほしいのです。石油は枯渇していくし、原子力だって一〇〇%安全だと本当に言い切れるのか。再生可能エネルギーを安定供給するにはどうしたらいいのか。リスクを最小限にとどめるにはどういう選択をしていったらいいのか、ということを考えるプロセスが大事なんだと思います」

パシ先生は授業のときに、しばしばこう生徒たちに語りかけていた。

「君たちは、非常にクリティカル(危機的)な時代を生きているんだよ。面白いと思わないかい」

危機的状況の中で、それを突破していく術を学ぶことは、子どもたちにとって非常に興味深いはずだ、とパシ先生は言う。

「まずは、自分たちの抱えている問題を知ること。自分の国で、地域で、世界では何が問題になっているのか。ドラマティックなテーマだと思いませんか? そこから、真に学ぶことの楽しさや喜びを知ってくれたら、どんな困難な問題にも、彼らは立ち向かって答えを導き出していける。そう、私は信じています」

原子力発電の責任の取り方の違い——教育への示唆

池上　彰

世界初の最終処分場決定

増田さんのリポートにあったように、フィンランドは原子力発電を推進している。と同時に、原子力発電導入の話し合いが始まったときから、運転すると出る「使用済み核燃料」(核のゴミ)の処理についても検討してきた。その結果、世界で初めて「使用済み核燃料の最終処分場」が決まり、準備が進められている。そこには、「自国で出たゴミは自国で処理する」という、フィンランド国民の責任感がある。

処分場の受け入れを決めたのは、首都ヘルシンキから北西へ二五〇キロのユーラヨキ市だ。ヘルシンキから列車で西へ二時間。さらに車で一時間四〇分。ユーラヨキ市に属するオルキルオト島に建設することになった(五六ページの地図)。

人口約六〇〇〇人の市には原子力発電所があって、二基の原子炉が運転中で、現在さらに三号機(フィンランド全体では五基目になる)の建設が進められている。原子炉部分はフランスのアレヴァ社、タービンなど発電部分はドイツのジーメンス社が担当している。二〇〇一年のアメリカ同時多発テロ以降に設計された原子炉なので、上空から航空機が突っ込んでも耐えられる構造になっている。

こうした新規の原発建設は、最終処分場の建設が決まっていたから進めることができたという。「自分たちで出した(核の)ゴミを次世代に渡さず、自分たちで処理する」という政治的決断に基づいた行動だ。最終処分場が決まらないまま新規の原発建設を進めてきた日本とは違う。

この原発に隣接する地域に、最終処分場はある。名づけて「オンカロ」。フィンランド語で「隠し場所」の意味である。フィンランド国内で原子力発電所を持つ二社の電力会社が共同出資して、最終処分する会社を設立した。

日本では、使用済み核燃料を再利用できるように再処理が行われることになっているが、オンカロでは核のゴミは再処理をしないまま、地下に埋めて封じ込めるという方法をとる。フィンランドには、「核のゴミ」の再処理はしない」という法律があるからだ。現在、国内で稼働中の原子炉は全部で四基。そこから出るゴミはさほど多くはないので、再処理をして核燃料のリサイクルをするのは効率がよくない。また核のゴミを再処理すると、核兵器の原料になるプルトニウムが出てくるので、それを避けたい、という思いがこの法律に込められている。

地下四〇〇メートルへ

二〇一二年六月、建設中のオンカロを取材した。最終処分場の深さは最大で四五〇メートル。このうち四〇〇メートル付近の場所に、使用済み核燃料を埋設する。まずはヘルメットにゴーグル、懐中電灯に非常用の酸素発生装置を装着するという物々しい装備とともに、自動車に乗り込んだ。

目的地までは、長いトンネルの傾斜路が続く。一〇メートル進むと一メートル深くなる傾斜で、螺旋状に降りていく。照明も設置されていてそれなりに明るいが、乗った自動車はライトをつけて、ゆっくり下っていく。

地下四〇〇メートルは、東京タワーを逆さにしたよりは深く、スカイツリーほどではない、という計算になる。トンネルの全長は約五キロ。車二台がかろうじてすれ違えるほどの幅だ。途中はなかなかの圧迫感だが、地下四〇〇メートルに達すると、広い空間が出現した。

使用済み核燃料は、原子炉から取り出した段階では高温状態であるため、いったんは地上で中間保存する必要がある。現在は各原子力発電所の敷地内の冷却プールに貯蔵されていて、二〇年以上かけて熱を冷ますことになっている。その後、直径一メートル長さ四・八メートルの鉄製の筒に入れ、さらに厚さ五センチの銅製のパイプの中に収納する。これを、トンネルに掘った直径一・八メートル、深さ八メートルの穴に一本ずつ納めていく。パイプと穴の間の隙間は、ベントナイトと呼ばれる粘土で埋める。

順調に行けば、二〇二〇年から埋める作業を開始するが、一〇〇年で一杯になる予定で、その段階でトンネルを埋め戻して、以後一〇万年以上保管することになっている。保管される核廃棄物には、長期にわたって放射線を出し続ける放射性物質が含まれている。例えばプルトニウムの半減期（放射線が出る量が半分になる期間）は一〇万年だ。

頑丈な鉄や銅も、しょせんは人間が作ったもの。いずれは腐食して、放射性廃棄物が染み出してくることが予想される。それでも周囲のベントナイトは水を通さないので、地下水を汚染することはないという。とはいえ、現在は掘られたトンネルの状態を検査していて、少しでも地下水がある場所には埋めないことになっているという。

この地域の岩盤は一九億年前にできたもので、安定している。地震もほとんど起きない場所だ。地下水も少ない岩盤なので、地下水汚染の可能性が低いことから、ここが選定された。

それにしても、一〇万年以上保管するというのは、想像を絶する時間だ。

ここを埋め戻したのち、一〇万年後の人類に対して、「この場所を掘り返すと危険」という警告の掲示を出すことにしているが、これが難しい。その頃の人類がどんな言語を使用しているか、予測できないからだ。こういう発想をするところが、フィンランドの人たちの合理的なところだろう。日本だったら、「日本語と英語の表示があれば十分」と考えてしまうのではないだろうか。

どんな表示にすれば、未来の人類に警告できるか。文字ではなくピクトグラムという記号を考えているという。日本でも劇場や映画館など、不特定多数が出入りする場所の非常口の表示の記号がピクトグラムだ。こうしたことを検討する様子はドキュメンタリー映画(『一〇〇、〇〇〇年後の安全』)にもなっている。

なぜ建設を受け入れたのか

一〇万年もの間、核廃棄物を保管し続けることに、地元住民の不安はないのだろうか。近くのスーパーマーケットで買い物をする市民に話を聞いた。

「ちょっと不安な気もするけど、一〇万年も先の話だろう。われわれは生きていないから、心配しても仕方がない」

「ＳＴＵＫ(フィンランド放射線・原子力安全局)が心配ないと言っているんだから、信用しています」

日本の原子力安全委員会などに比べて、フィンランドのＳＴＵＫがいかに信頼を勝ち得ているかを実感した瞬間だった。ただ、この市では、原子力発電所で働く労働者やその家族が多く住んでいるという状況を割り引いて考えなければならないが。

それにしても、地元の住民は、なぜ原子力発電所や核廃棄物処分場の建設を受け入れたのだろうか。一番の理由は、雇用促進だ。新たに二基の原子炉を建設するにあたっては、ユーラヨキ市に建設される一基以外のもう一基について、二つの自治体(シモとピュハヨキ。五六ページの地図)が誘致に名乗りを上げたが結局、中部東海岸にあるピュハヨキに建設が決まった。二つの自治体とも近くに大都市がなく、失業問題が深刻だ。原子力発電所が誘致できれば何百という仕事をいっぺんに確保でき、税収も増えることが期待できる。実際、原発のある自治体は、仕事や税収などの経済面で潤っている。

しかし、ここで断っておきたいのは、日本のように原発を受け入れた自治体に対して国から補助金を出すなどということは、フィンランドでは一切ない、ということだ。あくまで「自分たちの判断」で自治体が施設の受け入れを決めてきた。オンカロに関しても「原発を受け入れてきた地域として、処分場も受け入れる責任がある」というユーラヨキ市長の姿勢に住民代表の議会も合意して、処分場の建設が決定した。この点について、ユーラヨキ市のハッリ・ヒーティオ市長に話を聞くと、次の答えが返ってきた。

「原子力で発電することで、私たちは豊かな生活を享受している以上、誰かが後始末を引き受けなければならない」と。

この責任感。日本国内ではなかなか聞かれない言葉だ。でも、危険だとは思わないのか。

「政府や電力会社から完全に独立したSTUKが安全だと言うから、私たちは信用しています。STUKは、常に国民に情報公開しているから信用できるのです」

都合の悪いことも含めて、常に国民に情報公開をしているので、国民は信用する。政府から独立した信用できる組織が「安全だ」と言うから信用する。原子力規制機関と国民との幸福な関係が、そこにはあった。

ちなみにヒーティオ市長は元銀行員。ユーラヨキ市が市長を公募していると知って、応募したという。ここでは、市民の代表である市議会が市長を公募しているのだ。「銀行の仕事も世の中のためになることですが、今後は社会に奉仕する仕事をしたいと考え、市長に応募しました」とのことだった。

使用済み核燃料の最終処分地を決定したのは、世界でもフィンランドとスウェーデンだけ。中でもフィンランドだけが実際に建設を始めている。

最終処分場をどこにするかは、日本のみならず、世界でも頭の痛い問題だ。アメリカでは、ネバダ州の砂漠地帯に地中埋設する計画が進んでいたが、オバマ政権になってからは安全性に疑問があるとして、計画が撤回されている。では、日本の現状はどうなのだろうか。

収束しない原発事故

東京電力福島第一原子力発電所の事故から二年半以上経過しても、事故は収束していない。高熱を発し続ける燃料棒の冷却はできるようになったが、原子炉周辺に流れ込む地下水の汚染が続いている。汚染された水は急ごしらえのタンクに貯蔵しているが、地下水の量が多く、二・五日に一個のペースで貯蔵タンクが建設されている。このままでは、タンクを貯蔵する場所がなくなってしまう。さらに、このタンクから漏れて海に流出している汚染水のあることも発覚。原子炉の廃炉に向けた作業とともに、汚染水の処理が緊急課題となっている。

また、原子力発電所周辺の広い範囲で今も住民の立ち入りができず、多くの住民が避難生活を続けている。放射性物質で汚染された土地の除染も実施されているが、あまりに範囲が広く、汚染した土壌を処理するメドも立っていない。

原子力発電は、いったん事故が起きると、とてつもない被害を出す。かつてのチェルノブイリ事故でわかっていたはずなのに、失敗は繰り返されたのである。

福島第一原発で起こったこと

そもそも原子力発電所では、ウラン燃料の核分裂エネルギーで水を熱して蒸発させ、水蒸気でタービンを回して発電している。発生させた水蒸気は、冷やして元の水に戻し、循環させている。この冷却のために必要なのが大量の水。このため、原子力発電所はおのずと海水が豊富にある沿岸部に建設されている。

沿岸部に建てられるのだから、津波への対策は講じられていたはずだった。福島第一原発では、最大で五・七メートルの津波を想定し、海面から高さ五メートルの堤防を築いていた。さらにその内側の高さ一〇メートルの敷地に発電所が建てられていた。ところが、今回の地震で実際に襲ってきた津波の高さは一四メートル。想定をはるかに超えていた。津波は堤防を乗り越え、発電所の敷地内に大量の海水が浸入してきた。これが原子力発電所にとって最大の悪夢である「全電源喪失」を現実のものにしてしまったのである。

地震発生時、運転していたのは六つある原子炉のうち一号機から三号機の三基だった。この三基は地震の揺れを感知し、原子炉に制御棒が挿入されて緊急停止。新たな核分裂は止められていた。

しかし、核分裂が収まったからといって安心はできない。核分裂によって新たに生まれた放射性物質は、放射線を出しながら別の物質に変化しているからだ。これを「崩壊」という。このときに「崩壊熱」と呼ばれる高温が発生する。燃料棒の核分裂は止まっても、原子炉内では高温状態が続くのだ。圧力容器の燃料棒は水に浸されていて、その水を循環させて冷却することになっている。

もしこの冷却がうまくいかない場合、崩壊熱で水は水蒸気となって減少し、燃料棒が露出することになる。高熱によって燃料棒を収納しているジルコニウム合金が溶け、水蒸気と反応して水素が発生する。これが酸素と結合すると、水素爆発を起こす。さらに高熱の燃料が圧力容器内に落下すれば、圧力容器に穴があき、放射性物質は外部に漏れ出す。これが最悪の事態である炉心溶融（メルトダウン）だ。

地震発生から約一時間後、原子力安全・保安院は最初の会見で、「東北地方のすべての原発は緊急自動停止し、冷却機能が保たれている」と発表した。ところが、実際はそうではなかったのだ。冷却水を循環させるには電力が必要だが、地震によって外部からの電力は途絶えてしまった。そうなれば非常用のディーゼルエンジンを使って電力を確保するのだが、こちらは津波によって冠水し、使用不能になっていた。電源喪失だ。ほかにも非常用冷却装置が働かなくなったりして、何重にも備えられていたはずの冷却のシステムは、完全に崩壊してしまっていた。

原子炉内の水は高熱で水蒸気に変わり、圧力が高くなる。この圧力を下げ、圧力容器の破損を防ぐには、弁を開いて内部の水蒸気を逃がす、いわゆるベントという作業が必要だった。この水蒸気には当然ながら高濃度の放射性物質が含まれていた。ベント作業によって、大量の放射性物質が大気中に放出された。

一二日には、一～三号機のすべてで燃料棒が水面上に露出した。一号機ではベントが行われたのち、格納容器から漏れ出した水素が原子炉建屋の上部に集まり、水素爆発を起こす。続いて一四日には三号機も同様に水素爆発を起こし、二号機も圧力抑制プールで爆発が起こり、圧力容器が損傷したと見られている。四号機は地震発生時には定期点検に備えて運転が止まっていたが、燃料貯蔵プールに使用済み核燃料が置かれていた。ここの水も循環できなくなったため、結局は崩壊熱を抑えることができず、水素爆発に至った。

かくして、大量の放射性物質が広範囲に飛散してしまった。この事故を見ても、使用済み核燃料は高熱を発する厄介なものであることがわかるだろう。

機能しない核燃料サイクル

これだけの事故が起きても、日本の政府は使用済み核燃料を再処理してリサイクルする方針をあきらめていない。しかし、その再処理システムは危機に瀕しているのだ。

日本は従来、使用済み核燃料を再処理して、「もう一度使える燃料」と「核のゴミ」に分けることにしていた。資源の少ない日本としては、ウランやプルトニウムを有効利用しようという発想からだ。再処理の結果出てくる「核のゴミ」(高レベル放射性廃棄物)は最終処分場を決めて、地中に埋めることになっている。

しかし、再処理する工場がいつまで経っても完成しない上に、再処理サイクルに組み込まれている高速増殖炉「もんじゅ」は、運転がストップしたまま。しかも、再処理して出てくる「核のゴミ」の最終処分場の場所も決まらない。日本の核燃料サイクルは、やめる決断ができないまま、先送りが続いている。その間も使用済み核燃料は増え続け、電気料金に上乗せされて集めた費用と莫大な税金が注ぎ込まれている。

原子力発電所から出る使用済み核燃料には、「燃えないウラン」であるウラン238と、ウラン238から変化したプルトニウム、それに燃え残った微量の「燃えるウラン」であるウラン235、各種の核分裂生成物が含まれている。

このプルトニウムやウラン235を取り出して核燃料として再利用すれば、ただ捨ててしまうよりは有効利用できる。資源の少ない日本としては、輸入できなくなるリスクを軽減することもできる。また、使用済み核燃料のウランやプルトニウムを取り出すことになるため、廃棄物から放射能が減少し、廃棄物の量も減ることになる。一石二鳥のアイデアだと考えられてきたのだ。

使用済み核燃料は再処理工場に運ばれ、放射性廃棄物とウラン、プルトニウムに分け、ウランはウラン燃料に製造して、再利用する。プルトニウムは、専用の原子炉である高速増殖炉「もんじゅ」でウラン燃料とともに燃やすことで、燃料として使った以上のプルトニウムを生み出す。放射性廃棄物は、高レベル放射性廃棄物と低レベル放射性廃棄物に分類し、それぞれ保管・処分する。これが、日本政府が描いてきた核燃料サイクルだ。

ところが、核燃料サイクルで重要な役割を果たすはずの高速増殖炉「もんじゅ」が事故で運転がストップし、サイクルは機能しないままなのである。

「もんじゅ」は、福井県敦賀市にある日本原子力研究開発機構の高速増殖炉である。MOX燃料(プルトニウム・ウラン混合酸化物)を使用し、消費した量以上の燃料を生み出すという機能を持つ原子炉で、将来の実用化に向けた「原型炉」という位置づけである。

この原子炉は、通常の原子炉が冷却に水を使うのに対して、液体ナトリウムを使用する特徴がある。一九九五年に運転を開始すると数カ月後、ナトリウムが漏れて火災を起こし、運転が止まった。二〇一〇年になってようやく運転を開始したが、原子炉容器内に炉内の装置が落下する事故を起こして、再び運転が停止している。

ところが、その後、原子力規制委員会の調べで、保安規定に基づく機器の点検漏れが多数あることが発覚し、規制委員会は二〇一三年五月、原子炉等規制法に基づいて、無期限の使用停止を命じている。

「もんじゅ」は、運転が止まっているにもかかわらず、年間の維持費が約二〇〇億円かかっている。核燃料サイクルが、これほど失敗続きなのに、決断を先送りし、漫然と事業を進めていることによって、これだけの税金が使われているのだ。

「もんじゅ」の運転が止まっているため、MOX燃料の使い道がなく、一般の原子炉でそれを使うことになった。これが「プルサーマル」だ。プルトニウムの「プル」と、原子炉の英語の一部の「サーマル」を結合させた和製英語である。

再処理工場が動き出さない

核燃料サイクルが機能するには、再処理工場の操業が前提となる。これまで日本では大規模な再処理工場がなく、イギリスやフランスに処理を委託してきた。

日本では、一九九三年から青森県六ヶ所村《ろっかしょむら》で、日本原燃の再処理工場の建設が進められてきた。完成すれば、年間八〇〇トンの使用済み核燃料を再処理（つまり再利用可能部分と「核のゴミ」に分別）する能力がある。

ところが、使用済み核燃料からウランやプルトニウムを取り出した後の廃液をガラスで固める「ガラス固化体」の製造試験でトラブルが相次ぎ、当初は一九九七年に予定されていた完成は一九回にわたって延期されてきた。まだ完成していないのである。

日本国内の原発で出てきた使用済み核燃料は、それぞれの発電所内部にある貯蔵プールに保管しているが、すでにその七〇％が埋まっている。六ヶ所村の再処理工場の貯蔵プールにも、全国各地から運び込まれているが、こちらは九八％が埋まり、ほぼ満杯だ。日本全国で出た使用済み核燃料はすでに一・七万トンに達しているのだ。

二〇一二年六月、貯蔵プールを見ることができた。巨大なプールの底に、整然と並んでいた。水は放射線を遮るため、プールのそばまで行って見ることができたのである。

今後、各地の原発で運転が再開されると、使用済み核燃料の行き先がなくなるという事態も予想される。このため、青森県むつ市に、東京電力と日本原子力発電から出てきた使用済み核燃料を中間貯蔵する施設(リサイクル燃料貯蔵という会社が運営)が建設中だが、全国の発電所の分まで貯蔵できるわけではない。このままでは、「使用済み核燃料の保管先がないので運転を停止します」などということが起きる可能性すらあるのだ。

最終処分場が決まらない

うまくいっていないのは、それだけではない。再処理して出てきた放射性廃棄物の最終処分場が決まらないのだ。

放射性廃棄物に関しては、そのレベルに応じて、処分の仕方が異なる。放射能レベルが極めて低い廃棄物は、地下数メートルにそのまま埋め立て処分される。放射能レベルが比較的低い廃棄物は、六ヶ所村の低レベル放射性廃棄物埋設センターで、地下約一〇メートルのコンクリート製の施設に埋設される。

問題は、高レベル放射性廃棄物の処理だ。日本の場合、地下三〇〇メートルより深い地下に埋める「地層処分」することが二〇〇〇年に決まっている。再処理によって出てきたガラス固化体を、三〇年から五〇年かけて冷却した後、地下に埋めるのだが、その候補地が見つからない。

高レベルの放射性廃棄物の最終処分を実施するのは「原子力発電環境整備機構」(NUMO《ニューモ》)だ。なんとも不思議な名称の組織で、原子力発電の「環境整備」をする会社だという。「核のゴミ」を処分することが環境整備につながる、というわけだ。最終処分が決まらなければ、原子力発電の「環境整備」も進まないことを、問わず語りに明らかにしてしまっている。

NUMOは候補地を選定するにあたり、全国の市町村の応募を受け付けることになっている。応募があれば、NUMOが土地を実際に掘ってみるボーリング調査などを実施し、二〇一〇年代前半に候補地を絞り込むことになっていた。

ところが、二〇〇二年に始まった最終処分場の公募では、二〇〇七年一月に高知県東洋町が正式に応募したが、これを知った議会や住民が反対し、四月には応募を取り下げている。その後も「応募を検討」という報道はあるが、報道があると地元住民が反対し、正式な応募は出ていない。

青森県の下北半島では、六ヶ所村に再処理工場が建設され、むつ市に中間貯蔵施設があり、東通《ひがしどおり》村《むら》に東通原子力発電所がある。さらに大間《おおま》町《まち》に大間原発が建設中である。こうなると、「下北半島に最終処分場も」という誘致話が浮かんでは消えるが、青森県は、最終処分場の建設を認めないと宣言。二〇〇八年に当時の甘利明経済産業大臣も、「青森県を最終処分地にしない」との確約書を青森県に提出している。

誘致すれば巨額の資金が投下されるが

もし最終処分場の建設が決まれば、地元には巨額の資金が投下される。そもそも選定の前の基本的な調査に応じるだけで、周辺自治体には年間十億円を超える交付金が支払われることになっている。さらに建設が始まれば、毎年五五〇億円もの経済効果が見込まれるという試算もある。

だが、名乗り出る自治体はない。フィンランドは固い地盤があるが、日本は有数の地震・火山大国。地下水も豊富で、地下に埋設処分された高レベル放射能によって将来どんな影響が出てくるかわからないという不安があるから、名乗り出る自治体がないのも当然と言えるかもしれない。

しかし、日本は、使用済み核燃料の最終処分の方法が決まらないまま、原子力発電に乗り出してきたのだ。「トイレなきマンション」などと揶揄《やゆ》されながらも、原発建設を続けてきた。その結果が、これだ。

「一〇万年後への責任」

国から交付金が出なくても、原発を建設した責任として最終処分場に名乗り出る自治体があるフィンランドと比較すると、その差は際立つ。どこに違いがあるのか。フィンランドは、「一〇万年後」のことまで考える責任感があるのだ。

学校で「信頼」を教え、きちんとしたリスク管理も考えさせるフィンランドの教育の特徴から、学べることは多いのではないだろうか。

●信頼と責任

池上　ここでのテーマは「信頼」ですね。

増田　フィンランドではどこへ行ってもこの言葉が出てくるんですよ。本当に。

原発については、授業でも先生が、一長一短あることに気がついてほしいと強調していました。

池上　それにしても、ＳＴＵＫ（フィンランド放射線・原子力安全局）への信頼は凄いよね。絶大なものがある。日本の原子力安全委員会とは大変な違いだね。

増田　現地の人に、日本の原子力安全委員会もそういう存在になれると言われたんですが……。

池上　三・一一のあの状況で、「絶対に原発は爆発はしませんから」と言っておきながら、実際に爆発したら「この爆発の原因にはこれこれこういうことが考えられます」とコメントをした某委員長が当の組織の最高責任者を務めていましたからね。つまり日本のエリートというのは、答えがわかっていればその途中経過は見事に説明できるけど、何が起こるかわからない状況では、いろいろな仮説を組み合わせて考えることができない。

増田　フィンランドで取材をしていると、日本では結果や責任を恐れて、本来向かうべき目的やその間のプロセスが違う方に向かってしまいがちだと痛感します。

池上　核廃棄物の処理なんて、典型的な課題だよね。フィンランドの人たちには、原発を持てるだけの成熟度があるという表現をしてもいいのかもしれない。

増田　それは、フィンランドの人たちは、自分たちが選択したことの責任をとろうと思っているからですよね。日本人は、原発に限らず恩恵を受けたから責任をとるという考え方、覚悟が欠けていませんか。

池上　英語でNIMBY《ニンバイ》(Not In My Backyard：「総論では理解できるが、自分の家の裏庭にはあってほしくない」という意味。迷惑施設の建設などをめぐって言及されることが多い)って言葉があるでしょう。「私のところだけはいやだ」という態度をさす。この言葉が英語であるように、アメリカでもそういう考えはあるし、どこにでもある。

増田　ただ、上に立つ人に責任をきちっととるという姿勢がないと、国民との相互の信頼には結びつかないということではないかと思うんですよね。

池上　日本の教育現場でも、議論をさせることが大切だよね。結論はどうであれ、「原発をどう思う」って。

増田　今後私たちがどういう生活をしていくのかに直結した、身近な問題でもありますからね。

　フィンランドではますます教科を越えた学習をする方向に舵を切っているんですよ。でも、その根本はぶれてない。知識を教えていないわけじゃないけれど、子どもたちがどう生きていくのかが大事で、だから教科に関係なく、さまざまなリスクに立ち向かうような教科書ができるわけですよ。

池上　政策を決めるにも専門家を集めて、きちっとしたデータをもとにいろんな議論をすることが大事ですね。日本だと中央教育審議会では教育の素人を入れて議論して、大方針を出していくでしょ。

増田　それはそれで人の配置でバランスをとっているつもりなんでしょうが……(苦笑)。

池上　でも、エビデンス(証拠)に基づかない印象論で議論して、「いじめが増えているんじゃないのか」、「私の子どもの頃は……」なんて個人的な感想レベルの話も出して、「では対応します」と、一〇年ごとに大きく方針が変わるでしょ。ゆとり教育だ、いや、だめだと。今後また「ゆとりはよかった」という話も出かねない。

増田　普通、子どもに何かの力をつけさせたいと思ったら、それをうまくやるためにはこういう方法をとる、という流れで方針というものは決まるんじゃないかと思うんです。でも日本ではその段階で、テストの点数が下がってるから、といった目に見える数値の基準だけで政策を決めがちですよね。

池上　それから、フィンランドのリスク管理教育の話は面白いね。福島の原発についても議論させているし。日本でそんなことをさせている学校は少ないんじゃないかと思う。

増田　でも、どこかから現場に対して「福島で事故が起こったから、北朝鮮で地下核実験が起こったから、そういう授業をしろ」というお達しが来るわけじゃない。いわゆる「上」の人は、いちいち指示したりせず、「誰かがやるはずです」というスタンスですから。

池上　そこが違うんだな。

増田　先生がたを信頼することで責任が生まれます、と。いや、まったく、そのとおりでございます、ですよね（苦笑）。

池上　これは、一八歳だって政治的なことは考えられる、選挙権を与えられたら責任をもつようになるということとつながるんじゃないかな。

増田　「一八歳で判断なんて、そんなの大変」と親の世代が言うべきじゃないですね。やってみることを応援する、うまくいくように手をさしのべる。方向性を示してあげれば、子どもは前向きに進んでいけるんじゃないかと思うんですよね。

●息苦しさはどこから来るのか

増田　フィンランドは授業もおおむね淡々としているんですよ。私がイメージしていたような「アメリカの白熱教室」みたいなのじゃないんです。それでもちゃんと議論は進んでいる、そういう教室の雰囲気なんです。まあ生徒にやる気のないときには、音楽をかけて踊りながら授業をしたり、おバカな質問なんかを入れたりして、先生も導入のためにいろいろ工夫しているようですが（笑）。それはどの国でも同じことですよね。

あと、授業に本物を使うということを大事にしている印象があります。道端に死んでいたウサギの死体を子どもたちが学校に持ってきて、それを授業に使うというんですね。私は日本人だから、「細菌とか大丈夫なんですか」って思っちゃうんですけど（笑）、「いや、大丈夫でしょ」と。その動物の死骸が教室の冷蔵庫に入っている。

小学校の木工の時間．森の国フィンランドならでは．

池上　さすが狩猟の民ですね。

増田　授業でも大人用のナイフや道具を使うのは、子ども扱いをしない、子ども扱いでは実用的じゃないということなんですよ（**写真**）。

池上　プラクティカルだね。

増田　それからリスクの授業にしても、「自分が調べた国がまとめの試験に出てない。損した」とか、そういう不満が生徒の側にない。授業の成果はお互いに発表をして皆で分け合うものだからと納得しています。例えば日本でありがちな、「うちの子があの先生に教えてもらえない」なんて不平も少ないんじゃないでしょうか。多くの人が、これはこれ、それはそれ、とその時々の状況を受けとめているように思います。

　私は日本の社会を思うとき、「こうあらねばならない」と考えることが自分たちを息苦しくしているような気がします。「〜ねばならない」と考えるから、答えが一つしかない。それができなければ苦しくなる。もちろん、「ねばならない」と考えて行動する場面もありますが、ストレスが少ない、生きやすい、自分たちを幸せにする価値観を考えて行動してもいいんじゃないかと思います。これまで何度もフィンランドを訪ねていますが、教育現場に限らず、物事の考え方に非常に柔軟性があります。答えは一つではないのが当たり前だと考えているのです。日本との違いはそういうところにあるように思います。

池上　日本は、「ねばならない」というのが多すぎるね。「ねばならない」という命令形を使わないようにするといいんだけど、そうすると「使わないようにしなければならない」なんてことになりかねないかな（苦笑）。

増田　それと、パキスタンの子どもに送金する活動について紹介しましたが、フィンランドでは学校の日常生活の決定権は校長にあります。こうした活動を自由にできるのも、それがあるからということです。財政状況は地域によって大きく違いますし、サウナラハティ小学校のあるエスポー市は企業が多く、税収も比較的多い、豊かなエリアです。そのお金を教育に使おうと自治体が考えているところが素晴らしいと、ハンナ校長も言っていました。もちろん、それまではバラックのような校舎で生活をしていたわけですが、その校舎の中で、子どもたちといかに楽しく暮らしていけるか、ということを毎日考えて実践してきた結果が、今日の活動や学校のあり方につながっているんですね。

●ＩＴを使いこなす

池上　あと、学校へのＩＴの入り方についてはどうですか。

増田　先生も生徒もＩＴ機器を使いこなしているな、というのが、今回取材に行って改めて感じたことです。私が初めてフィンランドを訪問してからもう一〇年になりますが、その頃からＩＴ（ＩＣＴ）教育には力を入れていて、その分野専門の教員研修を行うメディアセンターもつくられていました。そういった環境のもとで学んだ当時の小学生たちは、すでに高校生や大学生になっています。今回取材したソトゥンギ高校も、ＩＣＴ教育にとても力を入れている学校でした。教室にはパソコンやプロジェクターなどの機器が常備されていますし、教員も日常的に授業で使いこなしています。通信教育部もあり、日本にいる私たちも視聴可能なソフトの開発も行っています。

驚いたのが、生徒が授業中にスマートフォンを手元に置き、それを自由に使ってもいいということ。たまたま私が視察した授業の一つに「宗教」の時間があって、グループ学習をしていました。あるグループがオーストラリアの先住民アボリジニについて調べていたのですが、わからないことが出てきたときに、一人の女子生徒がオーストラリア在住の友人にメールで質問を送りました。「交換留学で知り合った子に聞いてみます」とみんなの前で言いながらメールを送り、すぐに返事も届いていました。授業に関係ないことに使ったりしていれば注意を受けますし、使用禁止になりかねないと生徒たちもわかっているのでしょう。そこもお互いの「信頼」なんですね。フランスの学校では、携帯電話やスマートフォンを持参していいけれど、必ず電源を切ってかばんの奥にしまっておかなければならないルールだと言っていました。これは日本と同じですね。

池上　スマートフォンを使っていいとき、悪いときと、きちんと分けているんだね。

増田　それからフィンランドの二〇一四年のナショナル・カリキュラムの改定でさらに強化されるのが「子どもたちが自ら考えて決断する力」に重点を置いたカリキュラムにする、ということです。「子どもたちが自ら学ぶ責任を自覚し、お互いに信頼しながら学びを進めていく。その支援を学校や教師がしていく」というのです。子どもたちがもっとアクティブに、自分で学ぶことをプランニングし、モチベーションを高め、総合的な思考・技術・能力を高めていけるよう、その環境づくりが必要だと考えているそうです。そこには「信頼」「責任」が常にあります。国↓自治体↓学校・教員↓子どもという図式で信頼を置いている、だからこそ責任を自覚できる、と取材した国家教育委員会の人は言っていました。

池上　結局、信頼するから責任が生まれ、責任を持てるようになるから信頼できるんだよね。

3

いじめ問題にどう対処するか

パリ市郊外，ギュスターヴ・モノ中学校．看護学校の学生たちと中学生が，いじめについて話し合う．

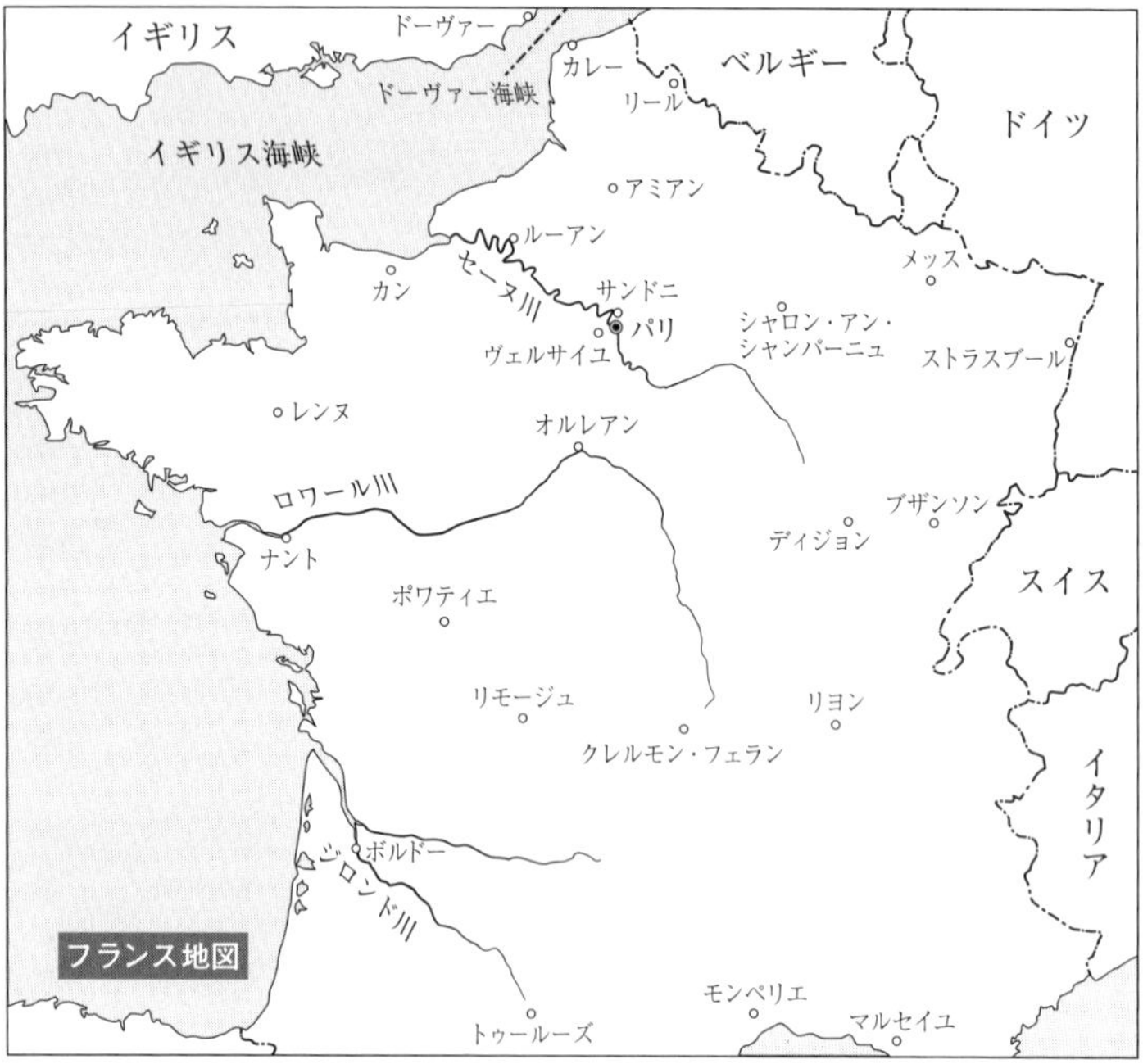

フランス地図
イギリス
ドーヴァー
カレー
ドーヴァー海峡
ベルギー
リール
ドイツ
イギリス海峡
アミアン
ルーアン
メッス
セーヌ川
カン
サンドニ
パリ
シャロン・アン・
シャンパーニュ
ヴェルサイユ
ストラスブール
レンヌ
オルレアン
ロワール川
ブザンソン
ディジョン
ナント
スイス
ポワティエ
リモージュ
リヨン
クレルモン・フェラン
イタリア
ボルドー
ジロンド川
モンペリエ
マルセイユ
トゥールーズ

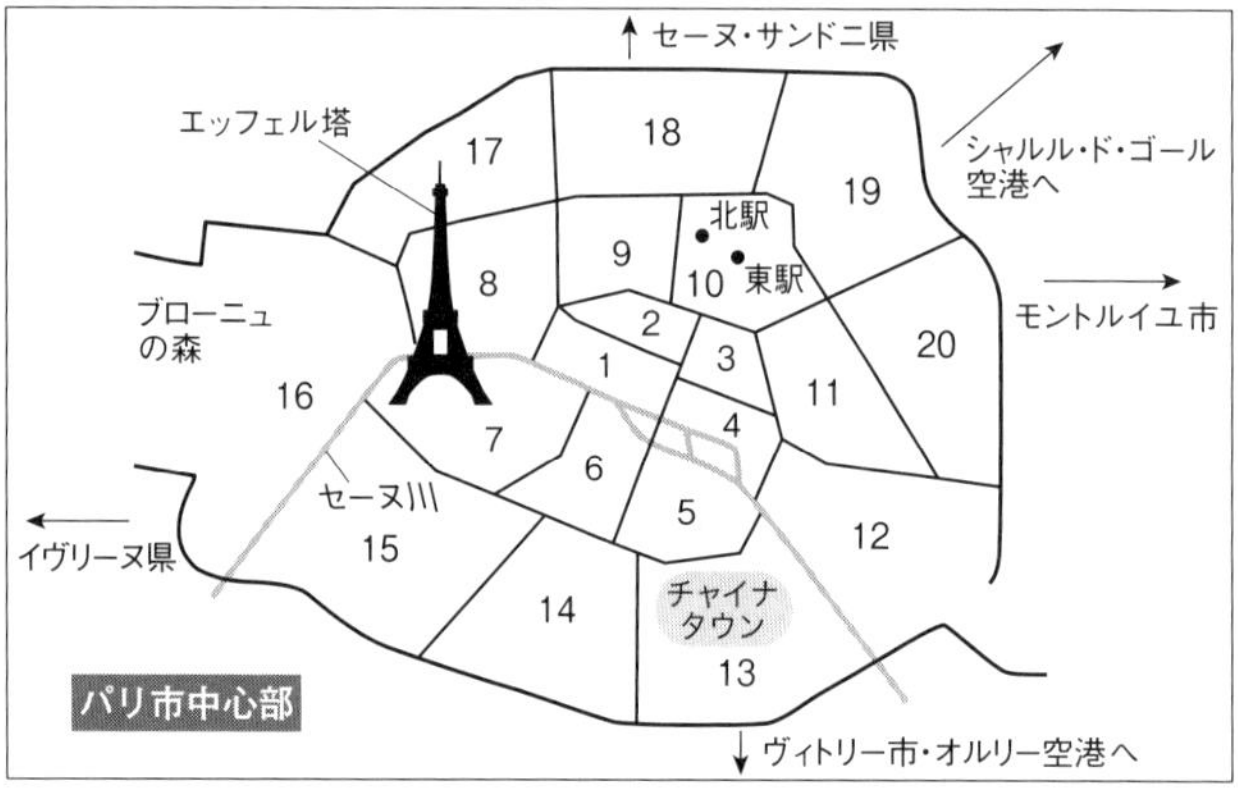

パリ市中心部
セーヌ・サンドニ県
エッフェル塔
シャルル・ド・ゴール
空港へ
北駅
東駅
モントルイユ市
ブローニュ
の森
セーヌ川
イヴリーヌ県
チャイナ
タウン
ヴィトリー市・オルリー空港へ

人権からアプローチするフランス

取材・文＝増田ユリヤ

いじめ防止法案への違和感

二〇一三年六月二一日。「いじめ防止対策推進法案」が参議院本会議で可決、成立した。法制化にいたる直接のきっかけとなったのは、二〇一一年一〇月に滋賀県大津市立の中学校で起きた、いじめを受けていた男子生徒が自殺をした事件である。翌二〇一二年になって、男子生徒の両親が「息子の自殺の原因はいじめ」として、大津市や加害者の生徒に損害賠償を求めたことがきっかけとなり、にわかにこの事件が注目されることとなった。担任がいじめを把握していたのに何の対策も講じていなかったこと、事件後に学校でアンケート調査を行い、いじめの問題を把握していたにもかかわらず、結果を一部しか報告しなかった上、自殺との因果関係を認めようとしなかったことなど、学校や教育委員会の無責任で不誠実な対応に言葉を失い、怒りを覚えた人も多かったと思う。

この事件を知ったとき私が思い起こしたのは、もう二七年前になるが、東京中野区立富士見中学校の鹿川裕史くんが「葬式ごっこ」などのいじめが原因で自殺した事件である。同じあやまちを何度繰り返せばいいのか、と体中の力が抜け落ちていくような感覚に襲われた。

いじめ問題が法制化される、というのは初めてのことだ。その内容を見ると、いじめの早期発見や防止のために複数の教職員やスクールカウンセラーからなる組織を置き、いじめ対策を検討することや、相談窓口の設置、いじめに関する定期調査、道徳教育の充実などが掲げられ、いじめがあった場合には、被害者側への支援、加害者側への指導・助言、暴力をふるうなど犯罪にあたる行為は警察への通報義務も定めている。大津市の中学校で起きた事件の一連の対応のまずさを反省した上での法案だということは、内容を見れば理解できる。亡くなった男子生徒の父親は、文部科学省で開かれた記者会見の席で「息子が今生きている子どもたちのために命がけでつくった法律だと思う」、「日本の学校が変わったと実感できるまで、法律の運用を見守りたい」と涙ながらに、力をこめて語ったという
(毎日新聞ウェブ版二〇一三年六月二二日)。

最愛の息子をいじめによる自殺という形で失った家族の心情はいかばかりか、と思う一方で、今回の法案の内容を法制化しなければ、義務化しなければ、「いじめ」は防止したり、未然に防いだりすることができないのか、という疑問が私自身の中には残る。このすっきりしない思いはどこからくるのか。

海外の教育現場を取材していると、どこの国でも、特に中学生の問題行動は目に余るものがあり、だからこそ予算をつけ人を配置し、その対策を講じているところが多い。ちょうど大津の事件と同じ二〇一一年一〇月に、いじめによる自殺が起きたフランスの中学校に回を重ねて取材することができたので、その話をきっかけにこの問題を考えていく。

1　いじめによる自殺事件を受けて
――パリ一八区、マークス・ドーモア中学校

フェイスブックから始まった「見えないいじめ」

パリ市北部にある一八区。一九世紀以降、ルノワールやピカソといった多くの芸術家たちの活躍の舞台となったモンマルトルの丘をのぞむ地区だ。最寄りのメトロのマークス・ドーモア駅から幹線道路沿いに歩いて数分。悲劇はこの丘のふもとにあるマークス・ドーモア中学校で起こった。

話をしてくれたのは、この学校の校長、副校長、そしてCPE《セーペーウー》（Conseiller principal d'éducation）の三人。CPEはフランスの中学校に置かれる、生徒の生活指導専門官のことである。

「事件当時のことを思い出すと私たちも本当につらいですが、日本のいじめや自殺の問題の参考になるのであればお話しします」と取材に応じてくれた。

「すべては事件が起こったあとに、わかったことなんです」

とヴェロニク・デュペラ校長（五三歳）は言う。

二〇一一年一〇月。中学三年生（第四学年）の女の子の間で、フェイスブックによるいじめがあった。自殺したA子は、同じクラスのB子からフェイスブックで繰り返し悪口を言われ、それに同調した近所の別の中学校の顔見知りの子からも悪口を書き込まれていた。教室でも繰り返し汚い言葉でなじられていたという。

「A子はすごく真面目でいい生徒。卒業を控え、自分の将来を見据えて、成功したくて勉強でも何

マークス・ドーモア中学校の外観.

でも頑張っていたんです。学力レベルも高くて、先生が説明している間に割って入って話を付け加えることができるほど賢い子でした」とCPEのシルヴィー・カバッシュ＝プロヴァンさん(四七歳)。「一方、B子は問題を起こして前の中学校を退学させられ、この中学校に転校してきたんです。B子と一緒になってフェイスブックにA子の悪口を書き込んでいたのは、前の中学校の仲間たちでした。悪口の内容は、優等生のA子を揶揄嘲笑するような内容だったと聞いています」

いじめがあった期間は二週間から一カ月に満たない程度で、そんなに長い期間ではなかったという。真面目なA子は、B子のいじめや嫌がらせを相手にせず、半ば無視したような態度をとり続けていた。しかし、反応がないことが面白くなかったのか、B子の行動はさらにエスカレートし、学校が半日で終わった水曜日の昼下がりに、学校近くの公園にA子を呼び出した。A子は行きたくないと拒んだが、クラスにいた周囲の子たちに囃し立てられて、仕方なく呼び出しに応じた。そして、どちらが口火を切ったのかは定かではないが、つかみ合いの大ゲンカになったのである。ケンカは髪の毛の引っ張り合いから、殴る蹴るの暴力にまで発展した。そして最終的にはいじめていたB子の方が叩きのめされ、その場から逃げ帰る、という結果になった。

その日の夜、B子は負けた悔しさから、さらにA子に対するひどい誹謗中傷をフェイスブックに書き込んだ。もちろん先生たちはケンカのことも、フェイスブックのことも、この時点ではまったく知らなかった。

翌木曜日の放課後、B子が友だち一〇人を引き連れて、A子の自宅に乗り込んでいった。何度もチャイムを鳴らし、ドアをドンドンと叩く。A子が出ようとしないので母親がドアを開けると、そこには大挙して押しかけてきたB子たちがいた。「A子に昨日暴力をふるわれたので、復讐に来ました」。そこで初めて娘が友だちとの間にトラブルがあったということを知った母親は、ビックリ仰天。とりあえずB子たちに帰ってもらったあと、A子をひどく叱ったそうだ。その後、母親はA子を家に残して近くのコインランドリーに出かけた。

A子が自殺したのは、その直後のことだった。B子たちは帰らずに、まだA子の自宅近くにいたのである。A子の住むアパートの前には、B子たち一〇人のほかに、さらに男の子を含む一〇人ほどの同級生たちが集まってきていて、これまで同様、窓の下からA子の悪口を言って囃し立てていた。ほどなくして窓辺に姿を現したA子は、白いタオルで目隠しをしていた。自殺する覚悟を決めていたのである。そして「目隠しなんかしたって、どうせ飛び降りる勇気なんてないくせに」と大騒ぎしている子どもたちの目の前に、七階からA子が身を投げた。ほぼ即死の状態だった。

ショックを受けた子どもたちは、無言でその場から散り散りに立ち去った。自宅の前で倒れているA子を最初に発見したのは、コインランドリーから帰宅した母親であった。

A子が自殺をはかったのは、一八時から一九時の間。学校は一七時半に閉まるので、デュペラ校長が事件を知ったのは、区役所から連絡があった二三時頃のことだった。

ささいないじめが取り返しのつかない結果に

「あの日、A子は笑顔で「さようなら」と言っていつものように帰っていきました。まさかその直後にあんなことが起こるなんて……」とカリム・ヤヤウィ副校長。「学校の中で起こったことだったら、ふつうはわかるんですよ。でもフェイスブックのことまでは……まったくわかりませんでした」とCPEのカバッシュさんも肩を落とす。

一連の事件の経緯については、自殺があった翌日の金曜日以降、A子とB子双方の保護者や事件にかかわった生徒たちの話、警察の調査などから、ようやく全体の状況が明らかになっていったそうだ。事件直後の対応としては、生徒だけでなく教師たちの精神的なケアを行いながら、人権や命の尊厳について、個々の人生の大切さについて、子どもたちと一緒に考える時間を作った。同時に、インターネットやSNS(ソーシャル・ネットワーキング・サービス)の危険性について学ぶ時間を三、四時間設けた。

もちろん、テレビ局をはじめ各方面のメディア関係者たちが学校付近に待ち構えて、勝手に生徒たちにインタビューをしようとする動きも見られた。そこで、警察やアカデミー(教育委員会)担当者の同席のもとデュペラ校長が記者会見を開き、その時点でわかっていたことに関しては、きちんと状況を説明した。それと同時に、この会見以降は、精神的に不安定になっている子どもたちを守るために、メディアの取材はシャットアウトするということも宣言した。

Ｂ子がＡ子に対してそこまで攻撃的な態度をとったのはなぜか。なぜ、Ａ子は自殺にまで追い込まれたのか。

ＣＰＥのカバッシュさんによれば、「家庭環境と学力レベルの違いの問題、それに起因するＢ子の嫉妬心が根本にあった」という。ハイチから移民してきた家庭に生まれたＡ子は、規律正しい環境に育ち、非常に真面目で勉強もクラスでトップ。模範的な優等生だった。一方、マグレブ(北アフリカ)からの移民家庭に生まれ育ったＢ子は、三人姉妹の末っ子で母子家庭。仕事に忙しい母親は不在のことが多く、かまってもらえないので、夜になっても好きな時間に出歩いて遊んでいた。前の中学校で問題を起こして退学になりこの学校に編入してきたＢ子は、まったく反省の色が見られず、編入後も宿題を全然してこなかったり、教師に対して反抗的な態度をとり続けていた。結局Ｂ子は今回のこの事件で再度退学を余儀なくされ、さらに別の学校へ編入することになったという(フランスでは度を越した問題行動を起こした場合、義務教育でも退学させることがある。その場合、別の受

デュペラ校長(左)と CPE のカバッシュ＝プロヴァンさん.

け入れ校を探して、編入するという形をとる。詳しくは後述)。

「B子はさびしかったのでしょう。自分がクラスのリーダーになって、みんなをまとめたかったんですね。でも、A子がすごくできる子だったから、それも叶わず、妬ましくて仕方なかった。A子もB子も、どんなささいなことでもいいから私たちに話してくれれば、こんな事件は起きなかっただろうと思います」とデュペラ校長。

「A子は勉強もできるし非常に真面目。そういう意味ではまったく問題のない子でした。だからこそ、優等生だということを理由にからかわれたり、自分が望まないケンカまでしなくてはならなかったことがイヤで仕方なかったのでしょう。まして、そのことで親に叱られるなんて、良い子でいたA子には我慢ならなかったのだと思います。子どもたちは、日常的にお互いの悪口を言い合ったりします。それを平気でやり過ごせる子もいれば、小さな一言で傷つく子もいます。A子の場合には、教室でもフェイスブックでも、何度も同じような悪口を繰り返し言われることに傷ついて、精神的に追い込まれていったのでしょう」とCPEのカバッシュさんは分析する。

この事件の反省から、マークス・ドーモア中学校では、問題が小さなうちに芽を摘み、子どもたちが何でも隠さずに言える環境を作ろうと、学校、家庭、地域の人たちや警察にも協力してもらって努力を続けている。そのいじめ対策の具体例をいくつか紹介しよう。

2 何でも言える環境づくり①
――地域の大人も参加

あるケース――宿題をやらせることは，いじめか？

フランスの中学校には、ＣＰＥのほかに、子どもたちの監視員がいる。特別な資格はなく、パートタイムで働く地域の主婦や学生であることが多い。主な仕事は、子どもたちの授業がない空き時間や食堂で過ごす時間の見守り、登下校時や昼休みに自宅に帰って食事をする子たちの出入りのチェック(フランスでは給食もあるが、自宅に帰って昼食を食べてもよい)、看護師が不在のときの病気やけがの対応などである(フランスでは学校の保健室に正規の資格をもった看護師がいる。後述)。

子どもたちはＡ５判サイズの顔写真付き連絡帳を持っていて、そこに時間割などが書いてある。特にお昼休みの出入りの際には、監視員が連絡帳と時間割をチェックし、サボったりしないように指導するのだ。もちろん、サボろうとする子がいるのは日常茶飯事であるし、食堂ではしょっちゅうケンカや小さないさかいがあるので、監視員たちも子どもたちから目が離せない。しかし、先生でもない大人、しかも同じ地域の住民で、昔からお互いに顔見知りだったりすることも多く、子どもにとっては何でも話しやすい大人でもある。マークス・ドーモア中学校でも、この監視員が、子ども同士のケンカやいじめの情報をいち早くキャッチして伝えてくれることが多いという。

ＣＰＥのカバッシュさんが最も信頼を置いているという、監視員のマルゴ・ワグネーさんが気づいたといういじめを例に考えてみよう。マルゴさんはこの学校で働き始めて五年。学校の近くに住んでいて、子どもたちに最も近い存在だという。

●監視員マルゴさんの話

五学年（一一〜一三歳。日本の中学一年生に当たる）のレクリエーションの時間に立ち会っていたときのことでした。グループに分かれて行動していたのですが、その中の何人かが怯えた様子で、何も言えずにいたんです。「どうしたの？」と聞いてもしばらくの間は何も言わずに、ただ黙っていました。そうしているうちに、その中の一人が突然泣き出したんです。そこで、よくよく話を聞いてみると、同じクラスの子に宿題をやらされていたということがわかりました。本人は言い出せなくて、つらい思いをしていたんですね。いじめられているような子は、目を見ればわかります。

私がびっくりしたのは、宿題をやらされていた子たちが、自分たちがいじめられているということがわからないということです。「友だちなんだから、宿題をやってあげるのは当たり前なんじゃないの？」なんて言うんですよ。だから、「そんなのは友だちじゃない。友だちとは言わない」と教えました。私が彼らの様子に気づかなかったら、ずっと宿題をやり続けていたでしょう。宿題をやらせていた子たちも、自分たちがいじめているという自覚はまったくありませんでした。その子たちは心理的に強い子たちで「宿題してきてね」と頼み、「宿題やってきてくれた？」となり、やっていないということになると「何でやってこなかったのか」と、どんどん強い口調と態度になっていったのです。弱い子たちを怖がらせていたんですね。

私の役割はここまでです。あとは校長とＣＰＥに引き継ぎ、罰を与え、自分たちのしたことはいけないことなんだということを教え諭してもらいました。これ以降、その子たちの間に特に問題は起きていません。

●いじめた側の言い分

「この問題は解決済みですので、本人たちから話をさせましょう」

マルゴさんへのインタビューを終えCPEの居室を訪ねると、カバッシュさんがそう言って部屋から出ていった。ほどなくして、カバッシュさんと一緒に男の子が四人やってきた。うち二人が宿題をやらせた方、残りがやらされた方だという。まさか本人たちから話が聞けると思っていなかったし、しかも両者そろってやってきたことに少々面食らったが、とりあえず「いじめた側」の二人から話を聞くことにした。名前はセリムくんとナデルくん。両親は二人ともマグレブ(北アフリカ)出身で、体格のいい子たちだ。セリムくんはグレーのヨットパーカーにジーンズ、ナデルくんは黒いトレーナーにスウェットをはいていた。

――さっきの二人に自分たちの宿題をやらせたって聞いたけど。

セリムくん「宿題をやってくれるというから頼んだんだよ。何回かお願いしているうちに、(宿題をしてくれた子がセリムくんの)ノートを忘れてきた、ということがあって、何で忘れたんだと怒ったら、突然その子が泣き出したんだ」

ナデルくん「僕も(宿題を)やってくれるというから、頼んでいただけだよ。結局、僕はやってもらえなかったのに、校長先生にいくら話してもわかってくれなかった。僕たちが一方的に意地悪をしたと思われているんだ」

——でも、宿題をしてもらう、ということ自体、いけないことでしょう？

セリムくん「それは、マルゴさんやＣＰＥのカバッシュさん、校長先生からも言われて、悪いということに気づいたよ。でも、宿題をやってくれるというから渡しておいたノートを二週間も返してくれなかったんだ。どうなっているんだと怒った僕も悪かったかもしれないけれど、このままだとノートが提出できなくて、〇点になっちゃうとイライラしていたんだ」

ナデルくん「それに、僕たちは校長先生たちに言ってないことがあるんだ」

セリムくん「そうなんだよ。本当は宿題をやってくれることが交換条件になっていたんだ」

——交換条件って？

セリムくん「さっき一緒に来た子で、背の小さな子がいたでしょう？　あの子が学級委員に立候補しようとしていたんだ。学級委員は投票で決めるから、票が欲しくて宿題をやってあげる、って言ってきたんだよ」

ナデルくん「あの子はそれで無事に学級委員に当選したから、そのことを言ってしまうと、話がややこしくなるし、問題も二倍になってしまうから、僕たちはちゃんと黙ってあげているんだよ」

セリムくん「それなのに、あの子はそのことは何も言わなくて、ただ宿題をやらされていた、ということだけを校長先生たちに言ったんだ」

（二人そろって）「あいつらの方がうそつきだよ‼」

——でも、お互いにお友だちになりたいと今は思っているって、校長先生やＣＰＥの方たちから聞いたけど。

ナデルくん「あいつらはいい子ぶってそんなこと言っているけど、僕らはイヤだね」
セリムくん「大人はわかってくれない……」
――一日停学になったと聞いたけど、お父さんやお母さんにもこのことは自分の口から言ったの?
セリムくん「何を言ったって、僕らがやったことが悪い、ただそれだけ」

突然の告白にちょっとびっくりしたが、とりあえず自分たちがやったことが悪いという自覚ができたことは間違いない。ただ、彼らにも言い分があったのだ。

同じ問題について、いじめられた側はどう説明してくれるのだろうか。

●いじめられた側の言い分

次に現れたのは、メラブくんとジョエルくん。二人ともアジア系民族の子たちで、さっきの二人と比べると、体格が小柄で痩せている。メラブくんは赤いトレーナー、ジョエルくんはグレーの上着を着ていた。学級委員に立候補・当選したのは、メラブくんである。

――宿題をやらされていたことを話すきっかけは、どんなことだったの?
ジョエルくん「何があったのか、本当のことを話しなさいと言われました」
メラブくん「数学の練習問題をやってきて、と頼まれました。(セリムくんが)怖かったからOKと言ったんです。家に持って帰ってやっていたのですが、まだやっていない、と言ったら僕のことを叩こうとしました。それを監視員のマルゴさんが見ていて、ＣＰＥのカバッシュさんの判断で、彼らが一日の停学になりました」

ジョエルくん「僕の場合は、もっとひどくて……。数学の宿題をやってくれと言われて全部やりました。そのノートを渡す約束の日、セリムくんは八時から数学の授業があったんだけど、僕は二時間目からの授業の日だったので、学校に着いたのが九時だった。それで間に合わなくて怒られました。他の日にはフランス語の文法の宿題も頼まれたのでやりました。理由は、彼らがほかの子に暴力をふるっていたのを見て、怖かったからです」

メラブくん「たまたまマルゴさんが彼らに囲まれている僕たちを見て、それで先生たちにわかったんです」

――お父さんやお母さんにはこのことは言ったの？

メラブくん「言いました。問題があったら、すぐに言わなきゃダメだと言われました」

ジョエルくん「ほかの人の宿題はしてはいけない、と言われました」

――宿題をしてあげることに、何か交換条件とか、そういうことはなかったの？

（二人とも）「なかったです」

――先生たちは、もう仲直りして、お互いに友だちになりたいと思っていると言っていたけれど、本当のところはどう？

ジョエルくん「ちょっと心配もあるけれど、たぶん、大丈夫だと思う（友だちになれると思う）」

メラブくん「僕は彼らと仲良くしたいと思っています」

問題は解決したと聞いていたので、そのつもりでインタビューをした。しかし、いじめた側、いじめられた側、両者の現時点の相手に対する思いは微妙に食い違っていた。宿題をやらせたというセリムくんとナデルくんの「言い分」＝「交換条件」について、校長やCPEは知っているのだろうか。

直接的な表現で確認はしなかったが、インタビューのあと、「セリムくんとナデルくんにも、それなりの言い分があるようですね」とデュペラ校長とCPEのカバッシュさんに問いかけた。すると二人とも「彼らから十分話は聞きました。宿題をやらせたという行為、それ自体が問題なのです」という返事だった。それ以上は私が介入すべき問題ではないと思ったので、あえて突っ込んで話を聞くことはしなかったが、思春期の子どもから真意を聞き出すことは、容易なことではない。それは、どこの国でも同じなのだ。

3　何でも言える環境づくり②
——警察の協力

問題が小さなうちに芽を摘むために

フランスにおけるいじめ問題のとらえ方やその実態、対策に関しては、パリ市とその郊外、ドイツと国境を接するストラスブール市(青少年の問題に積極的に取り組んでいる)など、これまでに全部で七つの小中学校を取材した。また、教育省をはじめ、教育委員会や自治体担当者、アソシエーション(民間団体。日本のNPOに類似)、警察など関連機関へのインタビューを試みた。その取材内容すべてに共通していたことがある。それは「子どもが何でも言える環境づくりに取り組むこと」だ。

子ども、特に思春期の子どもと話をするのは容易ではない。いじめの問題に限らず、悩みがあったり、誰にも打ち明けられずに一人で苦しんでいるようなことがあったりしても、友人にすら相談できないことがある。友人に相談しても解決できず、大人の協力が必要な場合だってあるだろう。

これまで話をしてきたパリ一八区のマークス・ドーモア中学校でも、事件後の監視員やＣＰＥ、教員の子どもに対する積極的な働きかけによって、子どもの方からフェイスブックを見せにきて「今、ケンカがあるよ」と教えてくれることが増えたそうだ。「問題が小さなうちに芽を摘む」ことは、いじめを予防する第一歩である。しかし、子どもがそうやって何でも打ち明けることができる相手となるには、「信頼できる大人」となることが不可欠である。

学校以外でも「いじめの予防」と「信頼できる大人」になろうと積極的に取り組んでいる人たちがいる。その一つが警察だ。

マークス・ドーモア中学校を管轄しているパリ一八区警察署で話を聞いた。応対してくれたのは、青少年問題担当のフランク・マチュー巡査長とハミッド・エムシアディ巡査の二人。前述のいじめ自殺事件の担当でもある。

――マークス・ドーモア中学校で起きたいじめによる自殺事件。この事件をどうとらえていますか。

マチュー巡査長「非常に深刻な問題です。こんなことで命を落とさなければならないなんて、それ（いじめや自殺）を止められなかったということに対して、学校関係者も生徒も、保護者ももちろん私たち警察も、心理的に負った傷は大きいです。SNSによるいじめは、どんどん増えています。しかも、例えばフェイスブックに悪口や陰口、ゆすりのような脅し文句を書き込んだ上で、学校に行っていじめを実行する。太った子の写真をこっそり撮影して、悪口とともにネット上でばらまく。単純に顔を合わせて悪口を言うだけではないので、いじめられている子は二重三重につらい思いをします。

マチュー巡査長.

マークス・ドーモア中学校の事件後は、SNSの急速な普及に対する危機感から、特に中学校を中心に訪問して、いじめや大きな事件を未然に防ぐための講習を積極的に行うようになりました。講習では、①インターネットを悪用しない、②市民性教育と他者への理解、主にこの二つについて教えます」

　エムシアディ巡査「インターネットを悪用すると法律違反になる、ということを、五学年（日本の中学一年生・一二～一三歳）を対象に教えています。フェイスブックの使用を申し込めるのは一三歳から。子どもたちに「フェイスブックで知り合った人は友だちだと思いますか」と聞くと、多くの子たちが「友だちだ」と言います。でもフェイスブックで知り合った人は、単なる「知り合い」なのです。書き込みをしているうちに、ささいなことで相手をバカにするような発言をしたり、脅すようなことを書いてしまうことがありますが、それはやってはいけないこと。どんな小さなことでも、相手を傷つけるようなことを言ったとしたら、それは言葉の暴力なんだということを教えます。また、フェイスブックで脅しておいて、実際に学校で会ったときに「ゆすり」や「たかり」のようなことをする。脅して小遣い稼ぎをするなんて、それはいじめを通り越して恐喝行為。立派な犯罪です。

犯罪かどうか調べるために、警察はフェイスブックを調査することができるんだよ、と言うと、子どもたちは必ず「フェイスブックはプライベートな部分だから、(警察の介入は)できないんじゃないの？」と言ってきます。そんなことはない、公の場なんだということを説明します。公の場だから、例えば自分の水着姿が可愛く撮れたからといってそれを載せたりすると、自分が知らない第三者、つまり全然違うところで写真を悪用される危険性がある、ということも教えます」

マチュー巡査長「人をあざ笑うような記事とか、性的なものや暴力的な写真が掲載されているのを見て「いいね！」をクリックしたら、その人にも責任があるということも話します。クラス写真を掲載したいと思っても、中には自分の顔を載せたくない人もいます。それは肖像権の問題です。映画や音楽を勝手にコピーして大勢で共有していくことが著作権侵害に当たることも、わかっていない子どもが大半です。作品を無料で配るようなことをしたら、それを生活の糧にしているアーティストはどうなるのか、ということを考えさせます。

当たり前のことばかりのように思えますが、子どもは大人が思っている以上に、自分の行為が悪いことだと自覚していない場合が多い。だからこそ、一つひとつ、丁寧に説明する必要があるのです」

エムシアディ巡査「いじめに関してもそうです。いじめている本人ですら、悪いことをしている自覚がなかったりする。相手を傷つける行為はいけないこと。相手がイヤだと思う行為である以上、それはいじめです。本人がいじめだと言い出せなかったり、周囲にいる子もいじめられているのを知っているのに黙っていたりしたら、状況はどんどん悪くなっていきます。だから、怖がらないで早い段階で話してもらえるよう、大人がその環境をつくっていかねばなりません」

――思春期の子どもが自分の思いを大人に話すのは、ただでさえ難しい。何でも話してもらえるような信頼関係を結ぶには、どういう環境づくりが必要でしょうか。まして、警察官に話をする、というのはハードルが高すぎるのではないですか。

マチュー巡査長「確かに難しい問題です。親にすらなかなか話ができない、というのが現実ですからね。親に対しては「言いたくない」という気持ちが強いばかりでなく、共働きで忙しい親とコミュニケーションがきちんととれていない、という子どもも増えています。会話がなくとも、日々の生活はまわっていくし、必要なことはメール連絡でも済んでしまう。しかし、それでは子どもとの信頼関係を築いていくことも、今回のような事件を未然に防ぐことも、非常に難しいでしょう」

エムシアディ巡査「だからといって、警察官に何でも話してくれ、と子どもに言ったところで、ハードルが高すぎて敬遠されてしまう、ということぐらい私たちにだってわかります。そこで、そのハードルをなくすために、警察官と子どもたちが一緒に遊ぶ機会をバカンスごとに設けています」

――警察官と子どもたちが一緒に遊ぶ……、いったいどういう活動ですか。

エムシアディ巡査「参加資格は八歳から一七歳の子どもなら誰でもOK。季節ごとの短い休暇や七

さまざまな活動に子どもたちを誘う警察のパンフレット.

〜八月の夏のバカンス時期を利用して、スポーツ競技場などがある大きな公園で、サッカーやバスケット、ローラーブレードなどを一緒に楽しむというイベントです。参加費は無料で、現地集合・現地解散。お昼から夕方までの日帰りの活動で、ランチとお菓子もついてきます。われわれ警察官もTシャツなどの私服姿で、子連れで参加する人も多い。私も娘を連れていきます。地域の子どもと顔見知りになり、楽しく一緒に時間を過ごすことで、子どもとの距離がグッと縮まり、お互いに話しやすくなるんです」

——一回の参加人数はどのくらいですか。

エムシアディ巡査「子どもは、だいたい一五〇〜二〇〇人程度で、八〜一〇人の子どもに対し、最低一人の警察官がつきます。また、「アニマター」という子どもに接する仕事の資格をもった人も一〇人程度参加します。広告を学校に出し(右の写真)、希望者は警察に来て申し込みをします。その際、保護者の承諾書、健康診断書、住民票、健康保険証が必要です。一度参加するとリピーターになる子も多い。楽しいし、親しくなれるし、いいことづくしです」

マチュー巡査長「こうして人間関係をつくり、何か困ったことがあったときに「あっ、あのときの警察の人に相談してみよう」と思い出してもらえるような存在になっていきたい。信頼関係づくりに、直接のふれあい以外に勝るものはないと思います。地道だけれど、確実な方法だと信じています」

問題を起こした子の処遇はどうなるのか

いじめや子どもの問題行動は今に始まったことではなく、前からあった問題だとマチュー巡査長もエムシアディ巡査も言う。マークス・ドーモア中学校で、A子を自殺に追い込んだB子は、義務教育だというのに退学を繰り返すことになってしまった。こうした問題行動を起こした子は、どのような処遇を受けるのだろうか。

フランスで「退学」は、いったん在籍している学校をやめることを言う。「いったん」と言ったのは、中学校は義務教育であるため、たとえ退学させられても、次に受け入れてくれる別の学校を探して転入することになる。一口に退学と言っても、問題行動を起こしたからすぐに退学、というのではなく、その生徒を退学させるかどうかという会議を開き、そこには教員だけではなく、学校運営にかかわっている保護者の代表(私が取材したパリ郊外の学校では六人)も参加して協議する。たいていの場合、その生徒の行状が、よほど悪質だったり犯罪を犯したりということでない限り、退学という選択肢は避けてその生徒の更生について考えるという。

では、退学処分と決まった場合にはどうするのか。暴力をふるったり、恐喝や窃盗などの犯罪を犯した子が、退学したからといって次の学校ですぐに更生するかといえば、そんなはずはあるわけがない。そこで、退学した生徒の精神面と生活面での立て直しをはかるために、一週間という期間限定で、退学した生徒を教育する施設があると一八区の警察署が紹介してくれた。実は例の事件後、インタビューを受けてくれたマチュー巡査長は、インターネットの正しい使い方や子どもの人権について、その施設に通って子どもたちに教えているというのだ。

退学生徒の一時受け入れ施設

施設の正式(公的)名称は Accueil Scolaire(直訳すると「学校の受け入れ」)。一八区にある施設の名前は、ソントル・トルシーといい、ちょうどメトロの駅をはさんで、中学校と反対側にある。

この退学者の受け入れ施設は、パリ市が二〇〇五年から始めたもので、現在は市内三カ所に同じ施設がある。その目的は、問題を起こした子どもの状況がそれ以上悪くならないように、何が起こった(どんな問題を起こした)のかということを子どもに落ち着いて考える場を与えると同時に、大人も子どもを受け入れて、一緒に子どもと考える機会をもつということだ。受け入れる子どもは一一歳から一六歳まで。つまり中学生で、退学者だけでなく、停学になった子も受け入れている。ソントル・トルシーではパリ一七〜一九区の子どもを対象に、年間およそ一六〇人、一週間に平均して七人の子どもを受け入れている。職員は三人で、学校以外の施設で子どもの教育に当たる資格を持った「エデュカター」という人たちが子どもの指導に当たる。

一週間の期間限定なので、プログラムは月曜日から始まり、金曜日に終了する。

月曜日の朝、保護者と一緒に来て手続きをし、子どもは一時間程度の面接を行う。どうして退学をしたのか、その理由を一つひとつ丁寧に話を聞きながらチェックしていく。もちろん、その子どもに関する資料は通っていた中学校から渡されている。退学の主な理由は、暴力、授業妨害、教員に対する罵りなどで、暴力の理由がいじめであるかどうかは個別のことなので、はっきりとした統計はない。来所する子の七〇％は男子で、初日はひどく落ち込んでいるか、怒っているか、といった様子だという。

どの日も午前中は学校と同じ授業形式で、主にフランス語や数学を勉強して、次の学校への転入に備える。お昼は給食をとり、軽くスポーツをしたあと、午後は絵を描いたり粘土をこねたりといった芸術系の活動をする。自己表現を助けたり、自分の気持ちを落ち着けて自分の価値を見直すことが目的だ。こうして月曜日から金曜日までを過ごし、金曜日の夕方に保護者と面談し、一週間の成果と今後の方針を決めていく。

「ここに来る子どもたちの多くは、一週間の間に落ち着きを取り戻していきます。学校と違い、ここではマンツーマンに近い状態で大人が子どもと向き合い、話をゆっくり聞きながら悪いことは悪いと教え、その一方で子どもが楽しいと思えることを一緒に見つけていきます。例えば、テニスをして楽しかった、というい体験ができれば、それを続けられるような方法はないか一緒に考えてあげます。そうしたことから、子どもは自信を少しずつ回復し、また大人に対しても心を少しずつ開くようになっていくのです」と所長のエドヴィッジュ・コーさん(女性)は言う。コーさんはこの施設で働いて六年になる。

「中には特別なプログラムが必要な子もいますが、たいていの子は、ここでのプログラムである程度の立て直しができます。ただ、ここに来る子の多くは、学校での問題だけでなく、家庭での問題も抱えています。この年齢の子に二つの問題を一緒に背負わせるのは重すぎます。特に家庭の問題は、誰にも話せない子が多い。だから、問題を整理して気持ちを落ち着かせ、まずは学校の問題を解決していくのです」

自分に目をかけてほしい、それが子ども

子どもたちの活動には、三人の職員以外に、心理カウンセラーやスポーツ・芸術の専門家などの外部講師を招いて指導に当たってもらう。マチュー巡査長の講習もその一つだ。「盗みやゆすりをすると、どういう罪になるか」ということを法的に説明すると、子どもたちの方からいろいろな質問が出たり、「他者の尊厳を認める」という話をすると、「警察の人が老人を捕まえるときに、叩いたりしてすごく乱暴な扱いをしているのを目撃したが、それはどうなのか」など、具体例を示して積極的に授業に参加する姿勢を見せるそうだ。

私が訪問したのは金曜日の午後。子どもたちにとって最終日のこの日は「一〇年後に読む手紙」と題して、自分がやりたいことを三つ書き、一〇年後の自分へのメッセージと自分の肖像画を描く、という課題に取り組んでいた。参加していたのは、男女それぞれ二人ずつ。そこに職員が二人ついて、子どもたちの様子を見ながらサポートしていく。

私のような日本人が見学に来ていたということもあって、男子の一人が非常に落ち着かない態度を見せていた。課題に関するプリントを渡されても、読もうとしない。「知らない人（筆者のこと）がいる。

やりにくい」、「これもイヤ、あれもイヤ。やりたくない」。まるで駄々っ子である。しかし二〇代とおぼしき若い女性スタッフは、その態度に短気を起こすこともなく、優しく丁寧に説明を繰り返し、彼の意志を引き出そうとしていた。

三〇分ほど経過したところで、活動の邪魔になると悪いと思い、静かに帰ろうとしたとたん、四人の子が一斉にこちらを見て話しかけてきた。「もう帰っちゃうの?」と。その様子を見ていると、結局、誰もがみな自分に気をひきたい、自分に目をかけてほしい、と望んでいることがひしひしと伝わってくる。さみしいし、甘えたいし、もっと自分のことをわかってほしい、それが子どもなのだ。それが満たされないと、何か別の形で訴える。その表現方法が暴力だったり恐喝だったりと、歪んだ形で出てしまったのである。

気持ちを落ち着け、善悪の規範を身につけること。それはもちろん学校でも教えられる部分はあるが、学校だけに頼る問題ではない。家庭や社会全体の問題でもある。

4　何でも言える環境づくり③
——子どもに「人権」を教えるアソシエーション

若者が子どもたちに人権を教える

自分がやっていることが悪いことなのか自覚がない。友だちにやられていることがいじめだという認識がない。子どもは大人が思っている以上に、善悪の判断基準がわかっていないのだ。では、いじめや暴力などの問題行動をどうやって理解させたらいいのか。その手だての一つが、子どもに「人

エマニュエルさん(左)とジョニーさん.

権」を教えることだという。

そこで、パリに本部のあるＪＡＤＥ(Jeunes Ambassadeurs des Droits auprès des Enfants：直訳すると、「子どもに関する権利を伝える若い使節」)というアソシエーションの活動を取材した。

この活動に参加できるのは一八～二五歳の若者で、期間は一〇月～翌年六月の九カ月間。一カ月間の研修を経て実際に学校を訪問し、子どもたちに人権についての授業を行う。一期間に参加する若者はおよそ三〇人。その若者たちが二つのグループに分かれ、それぞれ自分たちが授業で使用するオリジナル教材を作成し、それらをもとに、さらに三、四人がチームを組んで現場を訪問する。訪問先は中学校が中心だが、小学校や前述のソントル・トルシーのような民間教育施設などでも授業を行っている。授業は一回一時間で、一カ所につき二回訪問する。学校によっては、一学年二、三クラスが一緒のときもあるし、一クラス単位の少人数の場合もある。

二〇一二年一〇月からこの活動に参加しているという、エマニュエル・ブラゲさん(二〇歳)とジョニー・ミランドさん(二三歳)に話を聞いた。エマニュエルさんは大学二年生。法学部で人権について学んでいる。ジョニーさんは大学で心理学を学んでいるが、一年休学してこの活動に参加していて、ソーシャルワーカーの資格を持っている。話を聞いたのは、二〇一三年三月。ちょうど活動期間の半分を過ぎた頃だった。

――どうして、この活動に参加しようと思ったのですか。

エマニュエルさん「私自身は、これまでいじめの経験や友だちとの関係でイヤな思いをしたことがほとんどなく、幸せな子ども時代を過ごしてきました。でも、子どもに関する報道を見ていると、幼い子どもが銃を構えて戦いに参加しているとか、強制労働させられているとか、世界にはまだまだ子どもの人権を無視している現状があります。法学部で学んでいるうちに人権に関して非常に興味をもつようになり、特にそうした子どもの人権について関心を抱くようになりました。そんなときにJADEの活動を知り、実際に子どもたちに人権を教えるということはどういうことなのか、実践的に学べるのではないかと思い、参加することにしました」

ジョニーさん「私も自分自身はいじめにあったり、イヤな思いをしたことがありません。私の場合は何といっても子どもが好きで、自分の時間をほかの人に役立つことのために使いたい。そういう思いが強いんです。ソーシャルワーカーの資格も持っていますが、将来的には中学校で仕事をしたり、問題を抱える子どもが多い学校や施設の校長として働きたいという希望があります。JADEの活動は、そのためのいい経験になるのではないかと思ったのです」

――実際に参加してみてどうですか。

エマニュエルさん「ＪＡＤＥのメンバーは、それぞれ全然知らない、関係のない人同士が一緒になって活動します。共通点は、子どもとかかわりたいと思っているということ。みんなそれぞれ視点が違うので、教材を作ったり、それをどう説明していくのか、という議論を進めていくのが、とても楽しいです」

ジョニーさん「私たちが作った教材は、国連の「子どもの権利条約」全五四条の中から一二の大事なことを選び出して、それを子どもたちに伝えるということを目的としています。

一二の大事なこととは、次のとおりです。

①アイデンティティーをもつ権利
②家族と一緒に生活する権利
③プライベートの生活が守られる権利
④年齢に応じて公平に裁かれる権利
⑤どんな子どもも平等である権利
⑥できるだけ良い状態の健康を維持する権利（栄養面など）
⑦さまざまな形の暴力から守られる権利
⑧児童労働の禁止
⑨ハンディキャップの子も他の人たちと一緒に生きていく権利
⑩教育を受ける権利、課外活動や趣味・レクリエーションの機会をもつ権利
⑪子どもの発言を聞いてもらう権利（表現する権利）

⑫戦争時に守られる権利（子どもに武器を持たせたり、軍服を着せて戦わせてはいけない）

この内容をもとにパワーポイントで資料を作成し、それを子どもに見せながら話をしていきます。大切なのは、この一二の法律が守られていなかったら、子どもでも自分から言わなければならないし、言う権利がある、ということを伝えることです。

例えば、いじめられて暴力を受けたときに、先生や親に言えない場合でも、相談できる電話があるとか、どんな大人に言ったらいいかということを説明すると、子どもは素直に私たちが言うことを信じてくれます」

エマニュエルさん「この前は中学校で六学年の生徒（日本の小学六年生に当たる。フランスではこの学年から中学生）に話をしました。問題の多い学校だと聞いていたのですが、みんなすごく静かに説明を聞いてくれました。「知らなかった」、「もっと聞きたい」と言ってとっても興味をもってくれて、一時間では話し足りないほどでした。自分たちの日常生活やいじめや暴力の問題と、人権が関係あるということを知らなかったんです。

行く学校やクラスによって子どもの様子は違います。意見をたくさん言ってくれるクラスとそうでないクラスがありますし、私たちが思いもよらない質問を投げかけてきて、ハッとさせられることもあります。一回目の授業の結果をふまえて二回目に訪問するようにしていますので、とても勉強になります」

ジョニーさん「貧しさや不平等といったことがわからない、そんな質問もあります。「うちの親はこう言っていた」、「親にはこう言われた」という反応をする子も多く、子どもは親の影響を受けやす

JADE の教材から「12 の大事なこと」.

いということもよくわかります。最終的には、例えばケンカやいじめがあったときに、こうした人権に対する考え方を土台にして、解決策を子ども自身で探せるようになってほしい。その手助けができればという思いでいます」

彼らが作ったという資料を見せてもらった。国連と「子どもの権利条約」の成立の歴史から始まり、子どもの定義(フランスは〇〜一七歳。一八歳から成人)、一二の大切なこと(写真)、続いて一二の項目について一項目一ページずつにまとめたスライドで説明するようになっている。それぞれのページには、例えば子どもが労働させられていたり、友だちに殴られている様子を表したイラストや写真が盛り込まれていて、見ただけでその内容が理解しやすい表現の工夫がなされていた。

まずは子どもと打ち解けるところから

エマニュエルさんたちが授業をする現場を見せてほしいと再三にわたって取材を申し込んだが、こちらのタイミングが合わなかったり、受け入れ先の中学校の許可が下りないことが多く、ようやく見せてもらえたのは二〇一三年六月の初め。彼らの活動期間が終わろうとしている頃のことだった。この日は午後から、未成年亡命者の子どもたちを保護しているアソシエーションで、人権についての授業を行うという。

未成年亡命者とは、母国の政情や経済的な理由でフランスに不法入国してきた子たちのことを言う。不法入国とは、正式な滞在許可証がないという意味だ。フランスの場合、一八歳未満の未成年であれば、たとえどんな状況にその子どもがあろうとも、無条件でその人権は保護され、教育を受けることができる（詳しくは拙著『移民社会フランスで生きる子どもたち』参照）。

エマニュエルさんたちとメトロの駅で待ち合わせ、アソシエーションに向かった。この日の先生役は、エマニュエルさんと同じグループの女性二人だ。三人とも両手に大きな荷物を抱えている。「今日は天気がいいので、公園で授業をします」とエマニュエルさん。アソシエーションに到着すると、ルーマニア、コンゴ民主共和国、カンボジアなどからやってきたという男女五人の子どもが食堂で待っていた。長い坂道を一緒に歩いて、丘の上の大きな公園に向かう。到着すると、あたり一面に広がる緑の芝生がまぶしくて、思わず寝ころびたくなるような解放感に襲われた。

「これから、ルールを説明します！」とエマニュエルさんたち。どんな授業になるのかと思ったら、まずは二手に分かれて鬼ごっこの要領で陣地取りをするという。お互いの陣地には段ボールで作ったジグソーパズルのピースが置いてあり、それを奪ってパズルを完成させる、というゲームだ。お互いの陣地を三〇メートルぐらい離れた場所に作ったため、なかなかピースを奪えないどころか、初夏の日差しのもと、走り回ってみんな汗びっしょりになっていた。最初は参加したがらなかった子も、エ

子どもの人権をジグソーパズルで教える．

マニュエルさんたちが楽しそうに走り回る様子につられて、一緒にキャーキャーと声をあげながらタッチをしたり、上着の裾をつかんだりしていた。

三〇分ほど経過しただろうか、結局勝負がつかなかったので、今度は芝生の上で車座になり、芝の上に広げたジグソーパズルを完成させる作業にとりかかった。完成させると全部で一二枚のイラストになる。その一枚一枚に、子どもの人権についての説明が描かれていたのだ。

一枚完成するごとに、イラストや写真と一緒に書かれた文字を読み上げて、その意味を確認していく。子どもたちは、まだフランスに来て間もないため、フランス語がほとんどわからない。

「(車椅子のイラストを指差しながら)ハンディキャップのある子でも、みんなと一緒の生活をする権利があるのよ」、「(黒板の前に立つスカーフを被った少女の写真を見せながら)子どもはどんな子でも、学ぶ権利があります」とエマニュエルさんたちが説明をしていく。

子ども「ハンディキャップのある人ってどういう人のこと?」

エマニュエルさん「例えば、目の見えない人や、足が不自由で歩けない人のことを言うのよ。でも、ほかの人の助けがあれば、学校にだって通えるよね」

子ども「僕は、ハンディキャップはないけれど、自分の国にいるときにも、学校にほとんど行っていないよ」

エマニュエルさん「言葉がわからなくても、発言する権利は誰にもあるのよ。歌ったり、遊んだり、踊ったりして表現する権利もね」

手作りのジグソーパズルが一二枚。全部完成して説明が終わる頃には、夕方になっていた。

公園からの帰り道、エマニュエルさんたちに「ジグソーパズルは手作りだったんですね」と声をかけると、「授業の前に一度打ち合わせに来たんです。そのときにここにいる子どもたちの状況を聞いたので、言葉がわからなくても説明ができて、しかもフランス語の勉強にもなるような教材を作ろうとみんなで考えて作りました。そこに遊びを組み合わせたら子どもたちも打ち解けられるかなって。今日は青空でよく晴れていたので、お天気にも助けられました。楽しかったです」。三人とも笑顔でそう語ってくれた。

不法であろうとなかろうと、移民の子どもの受け入れには寛容な国フランス。されど、彼らにこれから待ち受けているさまざまな困難は容易に想像できる。それを少しでも勇気をもって乗り越えていくために、自分たちの権利を知っておくことは彼らの強みになるはずだ。差別的な扱いを受けたり、いじめや暴力などを理不尽に受けたときにも、それを発言していい権利をもっている、ということを知っているのだから。

5　何でも言える環境づくり④

──クラスの仲間と話し合う　ヴィトリー市、ギュスターヴ・モノ中学校

いじめに関する中学生アンケート

パリ市の郊外、南部に位置するヴィトリー・スー・セーヌ市（以下、ヴィトリー市）。パリ市内に通勤する人たちのベッドタウンであると同時に、アフリカからの玄関口であるオルリー空港に近く、移民の多い地域でもある。ここにあるギュスターヴ・モノ中学校（以下、モノ中学校）で、いじめに関するアンケート結果の発表と、その結果をふまえた授業が行われるというので、取材を申し込んだ。

このアンケートや授業は、教育委員会とヴィトリー市にある三つの病院付属看護学校の学生たち三五八人、それに市内六五カ所の中学校や教育施設で働く看護師六五人の協力によって実現したものである。主に中学六・五学年（日本の小学六年生・中学一年生に当たる。一一～一三歳）を対象とし、ヴィトリー市全体では、八六七六人の生徒にアンケートを行った。

モノ中学校は六学年九〇人、五学年七六人、合計一六六人がアンケートに回答（生徒自身・保護者が拒否した三人は回答に参加せず）。女子は八四人（五〇・六％）、男子七四人、性別無回答八人。質問の内容と結果は以下のとおりである（傍線は私が気になった回答である）。

【日常生活】

●**朝食は何を食べますか**（複数回答）

・シリアルやパン　四一・五％　・牛乳　四七・五％　・フルーツジュース・フルーツ　三三・一％
・その他　二五・九％　・何も食べない　二二・八％

●就寝は何時ですか

・二二時前　四五・七％　・二二〜二三時　三六・七％　・二三〜二四時　九・六％　・二四時以降
五・四％　＊無回答　二・四％

●パソコンやスマートフォン、テレビゲームの画面の前に一日何時間座っていますか

・画面を見ない　〇・六％　・三〇分以内　四・二％　・三〇分〜一時間　一八％　・一〜二時間　二
五・九％　・二時間以上　二五・三％　・算定不可能　二三・四％　＊無回答　二・四％

●授業に集中できますか

・集中できる　四三・九％　・午前中が集中できない　二九・五％　・午後が集中できない　一二・六
％　・一日中集中できない　一〇・二％　＊無回答　三・六％

●学校の居心地はいいですか

・とても良い　四三・三％　・どちらかというと良い　四五・一％　・あまり良くない　七・八％　・全
然良くない　一・八％　＊無回答一・八％

【いじめについて】

●あなたにとっていじめとはどんなことですか（以下の質問に対して、複数回答）

・何度も繰り返し、侮辱すること　五八・四％
・何度も繰り返し、脅すこと　五二・四％
・何度も繰り返し、何かを投げつけること　一五・六％
・生徒や生徒の家族に関するうわさをすること　三五・五％
・何度も繰り返し、叩く　三四・三％
・何度も繰り返し、馬鹿にする　三四・三％
・意地悪なあだ名をつける　二一％
・何度も繰り返し、事態を悪化させる　一一・四％
・性的な冗談を言う　三六・一％

●入学してから何回いじめの被害者になりましたか

・一度もない　七四％　・一〜二回　一二・六％　・月に二〜三回　三・六％
・一週間に一回　二・四％　・週に何度も　四・八％　・無回答　一・四％

●いじめられたとき、誰かに助けを求めましたか（複数回答）

・大人に　七・二％　・友だちに　一〇・八％　・両親に　一二％　・命の電話　〇％
・助けを求めない　二三・四％

●同じ学校の生徒に「意地悪な」「傷つけるような」メッセージや電話、画像を携帯電話やコンピュータ(インターネット)を使って、この二カ月の間に送ったりしましたか
・一度もない　九三・九％　・月に一〜二度　三・六％　・月に何度も　〇・六％　・週に一度　〇％
・週に何度も　〇％　・無回答　一・八％

●いじめを目撃したことがありますか
・目撃したことはない　六八・六％　・目撃した、ショックだった　一一・四％
・目撃したが、ショックを受けなかった　七・二％　＊無回答　一二・六％

●もしあなたがいじめを知っていたら、どうしますか
・何もしない　三一・九％　・やめるように介入すると思う　四二・七％
・やめるように介入した　一六・八％　＊無回答　八・四％

●もしあなたがいじめを知っていたら、どう思いますか(複数回答)
・いじめられている人を思うと悲しくなる　五六％　・腹が立つ　三〇・一％

・怖い　三四・九％　・楽しい　六・六％　・無関心　一三・二％　＊無回答　四・八％

アンケートの結果は看護学生が集計・分析して、結果を学校側に公表したのは授業が実施された日（モノ中学校の場合は二〇一三年二月二八日）である。授業はアンケート結果をふまえて、看護学生たちがプログラムを考えた。この日、モノ中学校を訪れた看護学生は全部で六人。三人一組で二グループに分かれ、クラス単位で午前中に三時間、六・五学年六クラスに対して授業を行った。

アンケートをふまえた授業づくり――無人島に何を持っていく？

「ボンジュール！　サヴァ？（おはようございます！　元気ですか？）」

看護学生たちは、教室に入ってくる子どもたち一人ひとりに声をかけながら、緑、ピンク、黄色の紙をランダムに渡していく。この色紙がグループ分けのしるし。七人ずつ、三つのグループがあっという間にできあがった。

「今日は皆さんに無人島に行くとしたら、何を持っていくか、ということを考えてもらいます。今から配るプリントに品物の名前が書いてあります。この中から選んでもらいますが、各グループで五つしか持っていくことができません。まず、自分なら何を持っていくかを考えてください。それから、グループで話し合って、五つ決めてください。決まったら、代表の子は黒板に書きに来てくださいね。時間は一五分。では、始めてください」

男子「水とパンと……薬かな？」

女子「石けんだって必要だよ。病気になったら困るでしょう」
男子「ナイフは必需品だよな。あとは、サッカー見たいからテレビ！」
女子「電気ないから、意味ないわ」
男子「発電すればいいよ、ソーラーパネルとか作ってさ」
男子「チョコレートは？　朝も夜もいつでも食べられるよ」
一番、問題の多いクラスだと聞いていたが、どこのグループを見ても、みんな話に熱中している様子だ。黒板には、次のような品物が並んだ。

●緑グループ　洋服　薬　水　石けん　ナイフ
●ピンクグループ　下着　パン　水　石けん　ナイフ
●黄グループ　薬　パン　ボール　枕　チョコレート

学生「一番、多いのは何かな？　手を挙げて答えてください」
男子「ナイフです」
学生「どうしてナイフを選んだのかな？」
女子「魚をさばいたり、ココナッツを割ったりするためです」
学生「じゃあ、変だなって思う物はある？」
女子「枕なんて、意味ないんじゃない？」

学生「なんで選んだの？」
男子「よく眠れるように」
学生「なるほどね。薬はどうかな？」
女子「絶対に必要です。けがしたり、下痢したりしたときに」
男子「石けんだって、臭いにおいがしたらイヤだから、洗いたい！」
女子「砂で洗えばいいわよ」
全員（大爆笑!!）
女子「砂でパックとか、お風呂とか、あるでしょう？」
学生「みんなの意見が合わないときには、どうしたらいいかな？」
女子「多数決でしょう」
男子「ケンカ!!」
女子「何、バカなこと言ってるの？」
学生「言い合いはやめようね。みんなの意見を統一するのって、複雑だよね。難しいよね。だから、どうやって解決策を見つけていくか、ということが大事なんだ」
生徒たち（うなずく）

緊急の電話番号、知っていますか？

学生「次は、三人の男の子の話をします。学校の近くで三人がサッカーをしていたら、民家から煙が出ていました。どうしたらいいですか?」
男子「一八番に電話します。消防署です」
学生「サッカーを続けていたら、足をくじいてしまいました。どうしますか?」
男子「そのまま放っておきます」
女子「そんなのダメよ!　一五番に電話して、救急車に来てもらいます」
学生「三人がサッカーをしているのを、遠くから見ていた男の子がいました。仮にアレックスという名前だとしましょう。アレックスは太っているのがコンプレックスで、なかなかみんなの中に入っていけません。一人で帰ってフェイスブックを見たら「デブ!」と中傷するような書き込みがありました。アレックスはどうしたらいいでしょう?」
女子「友だちに電話したらいいわ」
学生「友だちがいないとしたら、どうしたらいい?」
男子「家族に話すとか。カウンセラーとか先生でもいいんじゃないの?」
男子「痩せればいじめられないぜ」
女子「太ってたら話ができないとか、友だちができないなんておかしいんじゃない?」
(女子、小さい声で何か言う)
学生「声が小さかったけど、いいこと言ってくれたよ。もう一度!」
女子「仲間外れにする前に、その人自身を知ることが大事だと思います」
男子「性格悪かったら?　太っているって、病気かもしれないぜ」

男子「誰だって太ることはあるだろう」

学生「最後に質問です。誰でも相談ができる、名乗らなくてもいい電話番号を知ってる?」

女子「一一九番です。保健室に貼ってあります!」

学生「そのとおり! 自分ではなく友だちが困っているときでも、電話して友だちのかわりに相談してもいいんだよ。どんな相談にも専門家の人がちゃんと答えてくれます。ここに一一九番と書かれた小さなカードがあるから、みんな一枚ずつ持って帰って、何かあったときにはこれを見て思い出してください。目に見える傷じゃないかもしれないけれど、心が苦しいのも傷があるのと同じことなんじゃないかな。無人島の話ではみんなが同意するのは難しかったけれど、みんなで話し合って答えを見つけていくのも一つの方法だということがわかったかな? じゃ、今日の授業の感想を書いて、提出したら終わってください」

「119番に電話を」というカード.

授業を終えた学生に話を聞いた。

「アンケートの結果を見ると、この学校でもいじめはあります。でもそれを誰にも相談できなかったり、見ていて怖いと思ったり、いじめを知っていても何もしないという答えが三〇%以上を占めています。どう大人に話したらいいか、わからないようにも見受けられました。ですから、楽しいテーマで話し合う機会を設けて、お互いのよい意見を尊重してくれたら、と願っていました。難しかったですが、面白い試みだと思いました」(ヤン・ラバレックさん・男子学生)

「初めてだから、緊張しました！　私たちも、生徒の意見に笑ったり、意外な答えにビックリしたり、とても楽しかったです。「無人島だけどイノシシがいて」なんて想像力たくましい意見もありましたし、「太っているから、デブだといじめられた」という問題に対して「痩せればいいじゃん！」という声が出るとは夢にも思っていませんでした。よい意見を助けていこうという態度が見られたので、それは大きな進歩だったと思います」(エミリー・ピエトロサンテさん・女子学生)

子どもたちは、この授業をどう受け止めたのだろうか。

「楽しかったよ。みんなとこんなに話をするなんて、あまりないかも。同じクラスの子同士だったからうまくいったけど、そうじゃなかったら殴り合いになったかもね」(男子生徒)

「外から来た先生で、とってもワクワクしました。今日は割とスムーズに決められたけど、普段の話し合いでは、うまくいかないこともある。でも、今日の話し合いをきっかけに、これから少しよい方向に変わるかもしれません」(女子生徒)

保健室にいる看護師の役割は、問題を鎮めること

フランスには、日本の家庭科や保健体育で扱うような、栄養指導やドラッグ・喫煙と健康問題などを教える科目がない。そのため、モノ中学校の場合には年に数回、保健室にいつもいる看護師のパケ

先生(女性)が特別授業を企画して、子どもたちの心身の健康を考えたプログラムを提供している。日本の中学校同様、保健室は子どもの駆け込み寺のような役割を果たしていて、看護師はCPEと同じく、生徒の様子を最もよく知る一人である。

「五年前には、SNSのいじめなんてもちろんありませんでした。つい一カ月前にも、フェイスブックに悪口を書き込まれた女子中学生が自殺した、というニュースを聞いたばかりです。うちの学校では、わかっているだけで年にまだ二、三件ですが、面と向かって言うわけじゃないから、悪口でも何でも言いやすいのでしょう。今日は、みんなで話し合うことと、いじめがあったときに誰に(どこに)相談すればいいか、ということが子どもたちにもハッキリわかったと思います。全体的に良かった。外の人を連れてくると子どもたちも喜びます。「わざわざ自分たちのために来てくれた」というのは嬉しいことなんです」

とパケ先生は言う。

一人の子に集中して悪口を言い続けるとか、変なあだ名をつけて周囲を巻き込んで囃し立てるとか、そういう類のいじめは日常的にあるという。解決方法としては、クラス内で起こることがほとんどなので、学級会を開いて話し合う。ただ、その場合、直接実際の問題を提起するのではなく、いじめの一般論として話を進めることもある。一方、いじめた子がわかっている場合には、その子を呼び出して自分がやっていることは相手の人権を侵害していることだと、その責任について説明をして言ってきかせる。その役割は、パケ先生をはじめ、CPEや担任、校長が担う。もちろん盗みだとか暴力だとか、目に余る犯罪がらみの場合には警察が介入することもある。

「話し合いで解決しなければ、保護者を呼んで話し合い、それでもダメなら罰を与えます。だいたい停学一、二日程度のことが多いです。学校の外でいじめが続いた場合には、警察に通報するように言うこともあります。でもまずは、いじめられていることを誰かに話すこと。できるだけ早く話して、問題が小さなうちに解決することです」とパケ先生は言う。この日の例にも挙げられていたように、例えば太っているとか、目が（視力が）悪いとか、何でもない些細なことでいじめられる子も多いそうだ。そんな様子が見られる子に「学校は楽しい？」などと話しかけると、突然泣き出すことがあるという。

「私は校長ではないので罰を与えることはできませんが、「私はいつでも話を聞くからね」と子どもたちに常日頃から声をかけ続けています。私の役割は問題を鎮めること。ひとたび問題が起こると、いじめる子、いじめられる子、どちらの保護者にも説明するのがとても難しいですが、心身ともに健全に成長してもらいたい。それだけが私の願いです」

フランスと日本の「いじめ対策」の違い

池上　彰

フェイスブックなどで悪口を言われたり、集団で嫌がらせをされたりして、飛び降り自殺。フランスでのいじめの実態に関する増田さんのリポートには考えさせられた。

その理由は二つ。一つは、いじめは日本に限ったことではなく、先進国のフランスでも起きていることを再認識したこと。二つ目は、移民大国であるフランスが、多様な出自を持つ子どもたちの対応にいかに苦労しているか、ということだ。それでも教育現場は必死になっていじめ防止に取り組んでいる。

いじめ自殺が起きると、テレビ局をはじめメディアの取材攻勢が始まり、生徒たちに勝手にインタビューを始め、現場は大混乱。この点に関して、フランスも日本も大差ない。

ところがその取り組み方については、日本とフランスの間に大きな違いがある。日本は主に「道徳」の観点からアプローチしているのに対して、フランスは「人権」の面から取り組んでいるからだ。

「道徳心」を重視する日本の教育

日本の教育現場での「いじめ対策」の最新の指針は、二〇一三年六月に成立した「いじめ防止対策推進法」である。きっかけは、二〇一一年一〇月に起きた大津市立の中学校で起きたいじめ自殺事件だった。

この法律の第一五条では、「学校におけるいじめの防止」として、次のように書かれている。

第一五条　学校の設置者及びその設置する学校は、児童等の豊かな情操と道徳心を培い、心の通う対人交流の能力の素地を養うことがいじめの防止に資することを踏まえ、全ての教育活動を通じた道徳教育及び体験活動等の充実を図らなければならない。

「豊かな情操と道徳心」が、いじめの防止に役に立つと記されている。そうなると当然のことながら、学校では「道徳」の時間に、「いじめはいけません」と教えることになるだろう。

この取り組みを否定するものではないが、過去のさまざまないじめ事件では、加害者の側に「いじめている」という意識が希薄であることが指摘されている。「面白いから」という遊び感覚で参加しているケースが多いのだ。

こういう場合、「道徳心」に訴えることが、どこまで有効なのだろうか。

過去の日本では「いじめ」をめぐり、四回にわたって社会問題になる事態が起きた。日本のいじめ問題とその対策について、それぞれを「第一の波」、「第二の波」として振り返ってみる。

「いじめ」は一九八〇年代から問題に

最近のいじめ問題のニュースを見ると私は、一九八六年の東京の中野富士見中学校（二〇〇九年三月閉校）の「いじめ自殺事件」を思い出す（この事件については本章冒頭で増田さんも触れている）。二年生の男子生徒がクラスで執拗ないじめを受け、父親の故郷である岩手県・盛岡市の駅ビル地下トイレで首つり自殺した事件だ。「このままじゃ生きジゴクになっちゃうよ」と書かれた遺書が見つかった。

当時の私は、NHK社会部で文部省記者クラブに所属していた。衝撃的な事件に、日本の教育界は大揺れに揺れた。これ以降、日本では「いじめ問題」という言葉が生まれ、いじめ対策が始まった。

このいじめ事件では、いじめグループによって「葬式ごっこ」が開かれ、「〇〇君へ　さようなら」（〇〇には実名が入る）と書かれた色紙に級友が寄せ書きをするという嫌がらせが行われた。ここに、担任ら四人の教職員も寄せ書きしていたことが事件後に判明する。

男子生徒が自殺すると、担任教師らは「葬式ごっこ」に教師が加担していたことを生徒たちに口止めしていた。担任教師は学習塾でアルバイトしていたことも判明し、諭旨免職になった。また、校長と四人の教師が減給処分となり、校長と二人の教師が自主退職した。

生徒がいじめられていることに気づかない教師や、見て見ぬふりをする教師。いじめの加害者の生徒と一緒になって「葬式ごっこ」に加担する。自殺が発覚すると、いじめがあったことを否定する。大津市の中学校での様子とそっくりなのだ。あれから二五年。日本の教育界は、何を学んだのだろうか。

相次いだ「いじめ自殺」

中野富士見中学校のいじめ自殺事件が起きたのは一九八六年二月。前年から日本国内ではいじめが原因と見られる自殺が相次ぎ、当時発足していた中曽根内閣の臨時教育審議会は、いじめ対策の緊急提言を発表していた。そのあとに起きたいじめ自殺だった。

こうした事件の報道が難しいのは、自殺を報道することで、少年少女の自殺を誘発してしまう恐れがあるからだ。このときも各地で自殺が相次ぎ、いじめとの因果関係が取り沙汰された。しかし、いじめだけではなく、「いじめを苦に自殺」と報道された様子を見て、「自分も遺書を書いて自殺すれば、いじめた連中に復讐できる」と考えた子がいないとは断定できないのだ。報道が自殺の連鎖を招くとは、こういうことだ。

こうした事件がいったん報道されると、全国の記者たちは、過去には発生しても地方面で小さく扱っただけだったり、そもそも取り上げなかったりしていた子どもたちの自殺を積極的に取り上げ、全国版で大きく扱うようになる。この結果、社会は、いじめ自殺事件が急増したかのように受け止めて問題にする。そのことが別の事件を誘発するという悲劇が繰り返されたのだ。

これが、日本における「いじめ」事件の「第一の波」だった。この後、いじめに関連する事件の数は急減。報道もなくなり、いじめ問題は沈静化する。

「第二の波」がやってきた

第一波が沈静化した後、一九九四年、「第二の波」がやってきた。今度は愛知県だった。

一九九四年一一月、愛知県西尾市立東部中学校二年の男子生徒が、自宅裏の柿の木で首を吊って死んでいるのが見つかった。葬儀のあと、自室の机に「いじめられてお金をとられた」という趣旨の遺書があることがわかった。

西尾市教育委員会による調査の結果、同級生一一人がいじめにかかわっていることが判明し、主犯格の四人が恐喝容疑で警察から検察に書類送検された。四人は自殺した生徒にたびたび暴行を加え、金を要求していたことを認めた。被害者から脅し取った金額は、警察の調べで数十万円だったが、メディアの報道では一一〇万円に上った。

中学生には途方もない金額。これを脅し取っていたのだから、まぎれもない犯罪行為だった。いじめの枠を越えた事件の様相に、私たちは大きな衝撃を受けた。この事件の前後にもいじめが関係した疑いのある自殺事件が起きていたことから、この事件は、再び大きな社会問題になる。

翌月、文部省は「いじめ緊急対策会議」を設置し、緊急アピールを発表。この中で文部省は各学校に対し、「いじめがあるのではないかとの問題意識を持って」実態を把握するよう求めた。つまり、「いじめがあるかないか調べる」のではなく、「いじめはあるはずだ」との前提で調べるように要求したのである。今になってみれば当たり前の判断だが、当時としては、画期的な方針転換だった。

「第三の波」

いじめ対策に全校を挙げて取り組む。こうした動きが功を奏したのか、単にマスコミが大きく取り上げなくなっただけなのか因果関係は不明だが、その後しばらくは、いじめが大きな問題にはならなかった。しかし、二〇〇五年と二〇〇六年、再びいじめ自殺がニュースになる。しかも、教育委員会や学校の隠蔽体質が赤裸々になる事件だった。

北海道滝川市の市立小学校に通っていた六年生の女子児童が、いじめを苦に首つり自殺を図った。一命は取りとめたが回復することなく、四カ月後に死亡した。

女子児童は遺書を書いていたが、滝川市教育委員会は「いじめはなかった」と結論づけた。遺族が遺書を新聞社に公開し、これが報じられると、教育委員会は一転して遺族に謝罪する。ところがマスコミに対しては、遺書ではなく「手紙」と説明したのである。これらの対応ぶりは強く批判され、滝川市教育委員会の教育長は辞職。教育委員会の幹部職員二人が停職処分になった。校長と教頭、担任教諭も処分を受けた。

さらに二〇〇六年一〇月、福岡県筑前町の町立中学校の二年生男子がいじめを苦にして遺書を書いて首つり自殺した。学校は当初いじめを否定したが、まもなく担任だった男性教師がいじめに加担していたことが判明した。

相次ぐ事件と、教育委員会や学校の隠蔽工作。ひたすら責任逃れをする大人たち。これが日本の教育現場の実態なのかと驚かされる出来事だった。これが「第三の波」である。

文科省、「いじめ」の定義を変更

こうした事件の背景には、学校や教師がいじめを把握できないでいる実態がある。そこで文部科学省はこれらの事件を受け、毎年実施している「いじめに関する調査」(正式には「生徒指導上の諸問題に関する調査」）での「いじめの定義」を二〇〇六（平成一八）年度調査から見直し、いじめを少しでも発見しやすくしようとした。それまでの定義と新しい定義の変化を比べてみよう（文部科学省ホームページより）。

●「**これまでの定義**」

この調査において、「いじめ」とは、
「①自分より弱い者に対して一方的に、
②身体的・心理的な攻撃を継続的に加え、
③相手が深刻な苦痛を感じているもの。なお、起こった場所は学校の内外を問わない。」とする。

なお、個々の行為がいじめに当たるか否かの判断を表面的・形式的に行うことなく、いじめられた児童生徒の立場に立って行うこと。

●「**新定義**」（平成一八年度調査より）

本調査において個々の行為が「いじめ」に当たるか否かの判断は、表面的・形式的に行うことなく、いじめられた児童生徒の立場に立って行うものとする。

「いじめ」とは、
「当該児童生徒が、一定の人間関係のある者から、心理的、物理的な攻撃を受けたことにより、精神的な苦痛を感じているもの。」

とする。

なお、起こった場所は学校の内外を問わない。

それまでの基準では三項目が列挙されていたが、これが削除されている。それまでは、三項目のうち、一つでも条件を満たさなければいじめには該当しないと判断されることがあり、これがいじめの把握を阻害してきたと指摘されていたからである。

「発生件数」から「認知件数」へ

このときの調査から文部科学省は、集計されたデータの呼び方も変更した。それまで、いじめの件数を「発生件数」として発表していたのを、「認知件数」と呼ぶようになったのである。

これは、遅きに失した感はあるが、当然の変更であろう。いじめの「発生件数」といえば、まさに「発生」したものがすべて含まれているかのような誤解を与えるが、現場の先生がいじめに気づいていなければ、件数にはカウントされない。事実、いじめ対策が進んでいない都道府県ほど件数が少ないという傾向があった。

これを「認知件数」とすれば、現場の先生が注意深く見ていれば件数が増えるのは当然、ということになる。件数が多いのは取り組みが進んでいる証拠、という評価もできるようになるだろう。

例えば二〇一三年七月に公表された「平成二四年度文部科学白書」によれば、大津市でのいじめ自殺事件を受け、いじめに関する文科省の緊急調査で、二〇一二年四月からの半年間で「いじめ」を約一四万四〇〇〇件把握している。これは、二〇一一年度一年間の二倍を超える。つまり四倍の件数だ。

これはもちろん、いじめの件数が増えたのではなく、認知件数が増加したことをさす。大津市の事件を受けて、全国の教育委員会や学校が必死になっていじめ対策を進めた結果だろう。

そして「第四の波」

「第四の波」が襲来したのは、二〇一一年一〇月だった。滋賀県大津市の市立中学校の二年生の男子生徒が、いじめを受けたり財布などを盗まれたりしたあと、自宅マンションから飛び降りて自殺。これが大きな社会問題となり、ついには「いじめ防止対策推進法」の成立につながった。

この事件でも、学校と市の教育委員会の隠蔽体質が明らかになった。生徒の自殺後、学校と教育委員会は、「誰もいじめの事態に気づいていなかった」と釈明したが、実際には生徒が自殺する六日前に、「生徒がいじめられている」との報告を受け、担任らが対応を検討していたことが明らかになる。「気づいていた」となれば、止めることができなかった責任が問われる。責任逃れとしか言いようのない対応だった。

学校側は、事件のあと生徒へのアンケートを実施し、「いじめがあった」との証言を多数得たが、事実関係の調査を行わず、結果の公表もしなかった。

こうした対応が続く中、翌年七月になって教育委員会と学校に対して滋賀県警が強制捜査に乗り出す異例の展開となった。こうした事件の場合、警察は教育委員会や学校から任意で資料の提供を受けるのが通常で、警察の教育委員会への不信感が感じられた。

教育委員会の対応が後手に回り続けることにしびれを切らした大津市長は、事件の真相を調べる第三者委員会を発足させ、独自調査を依頼した。

元裁判官や弁護士、大学教授など五人の委員は独自調査の結果、二〇一三年一月になって、自殺の直接の原因は同級生らによるいじめであるとの結論を公表した。

事件が起きると、真相を隠蔽する。全国各地の教育委員会や学校で同じことが繰り返されると、問題はその教育委員会や学校だけではなく、全国に共通する体質ではないかと思わされる。

日本の教育現場は、これほどまでに官僚的で、自分を守ることしか考えないのであろうか。絶望的な気分になってしまう。

いじめは増えているのか

では、いじめは増えているのだろうか。いじめのニュースを見聞きすると、件数が増え続けている印象を受けてしまうが、実際のところは、どうなのか。国立教育政策研究所が二〇一三年七月に発表した「いじめ追跡調査」をもとに考えてみよう。

二〇〇四年から二〇一二年までの調査によると、典型的ないじめ行為である「仲間はずれ・無視・陰口」をされたことのある小学校男子は平均四五・〇%で、プラスマイナス七ポイントの範囲内で推移している。小学校女子は平均五一・五%で、プラスマイナス九ポイントだ。

二人に一人はいじめを受けた経験があるという数字は衝撃的だが、特に急増や急減はしていない。

ちなみに、中学校男子は平均三一・八％で増減幅は九ポイント、中学校女子は平均三九・九％で増減幅一〇ポイントだ。

これについて報告書は、「いじめは常に起こっているものであり、「流行」とか「ピーク」という感じ方や考え方は誤りであることが分かります」と指摘している。そして次の指摘は重要だ。

「いじめの社会問題化というのは、いじめ件数の増減とは関係なく、いじめ自殺事案に対する学校や教育委員会の対応姿勢を問題視する世論によってもたらされるもの、と考えることができるでしょう。大切なことは、社会問題化の有無にとらわれず、常にいじめに対して適切に取り組み続けていく姿勢であると言えます」

さらに二〇一二年のいじめの社会問題化の際は、「暴力を伴ういじめ」が大きく報道されたが、これについても、こう書いている。

「結論から言えば、大きく増えているといった実態は確認できません。（中略）むしろ二〇〇七～二〇〇九年よりも最近の一～二年のほうが低い値を示しています。（中略）要するに、「暴力を伴ういじめ」が急増あるいは急減といった事実は見られません。マスコミ報道の多くがひどい暴力を伴う事案を中心に報道していたのは、そうしたいじめが多かったということではなく、そうしたいじめが「目に見えやすい」ことと、ニュースバリューが高いと判断したからではないかと考えられます」

私たちはマスコミ報道でイメージを形成するが、大事なのはデータ、学術的な表現でいえば、エビデンス（証拠）が大切なのだ。いじめは急に増えたのではない。前からずっと起きていることで、学校や教育委員会が気づいたかどうか、なのだ。

思い込みによる「対策」ではなく、実態に即した対策が求められている。

こうしたいじめが大きな社会問題になるたびに、「日本は陰湿ないじめ大国」というイメージを持つ人が多いのではないだろうか。しかし、実態は異なる。フランスでのいじめ自殺の例のリポートがあったように、ヨーロッパでもいじめは深刻なのである。

イギリスでも「ネットいじめ」深刻

二〇一三年八月、イギリス中部で一四歳の少女が、インターネットの交流サイト（SNS）でのいじめを苦に自殺した（毎日新聞八月一七日夕刊）。このサイトはイギリス国外のラトビアを拠点としたSNSで、利用者同士が匿名で交流できるというもの。このサイトの利用者のうち、書き込みを苦に、すでに三人が自殺しているという。

これにはイギリスのキャメロン首相も反応。このサイトを利用しないように呼びかけた。陰湿ないじめは、日本だけのものではない。世界各国が対策に苦慮しているのだ。それだけに、各国の取り組みから得るところは大きいはずだ。その一つが、増田リポートのフランスだ。

アメリカ、各州に「反いじめ法」

では、大国アメリカはどうなのか。アメリカでもいじめは深刻だ。アメリカのいじめというと、暴力的なイメージを持つ人もいると思うが、最近は「ネットいじめ」も深刻になっているという。いずこも同じなのだ。いじめが深刻化するのに合わせて、「いじめ対策法」を制定する州も増え、現在では全米五〇州のうちモンタナ州を除く四九州が法整備しているという(読売新聞二〇一二年九月一七日朝刊)。そのモンタナ州も、州法はないものの、州政府がいじめ対策の方針を定めているという(井樋三枝子「アメリカの州におけるいじめ対策法制定の動向」国立国会図書館調査及び立法考査局『外国の立法』二〇一二年六月号)。

アメリカの教育政策は、連邦政府ではなく各州が独自に定めることになっているので、各州の取り組みが進んでいる。アメリカでも二〇〇〇年以降はいじめを苦にして自殺する子どもが目立ち、遺族が州議会に働きかけて、対策法を制定する動きが進んでいるという(同書)。まるで最近の日本ではないか。

大人の見守りの大切さ

いじめを根絶することは不可能だ。人間社会では、どこでも起きうることである。それでも大人の場合は、それなりに抑制することは可能だし、自分の行動がいじめであるかないかは自覚しやすい。しかし、子どもたちには多くの場合、いじめをしている自覚がない。まずは子どもたちに対して、「それは、いじめだ」と大人たちが教えることが必要だ。そのためには、大人の目が届かなければならない。

増田リポートによれば、フランスには生徒の生活指導専門官(CPE)がいるだけでなく、パートタイムで働く地域の主婦や学生がいるという。大人の目がいじめを見つけることで、大人の存在が、子どもたちの支えになっているのだろう。子どもの方からいじめの存在を教えてくれることがあるそうなのだから。

「人権教育」の大切さ

いじめであることを、子どもたちにどう認識させればいいのか。フランスでは、子どもに「人権」を教えることだという。さすがフランス革命を起こした人権大国だけのことはある。

人権とは、自分の権利であるとともに、他人の権利でもある。人が人として尊重され、人らしく生きる権利だ。それは、あなたにもあるけれど、相手にもある。あなたが「嫌だ」と思うことは、されたくないだろう。それは、相手も同じこと。相手が嫌だと思うことをするのは、人権侵害になる。いじめとは、相手の人権を侵害することなのだ。

マークス・ドーモア中学校で子どもたちの監視員を務めるマルゴ・ワグネーさん．何でも話せる大人の存在は大切だ．

増田リポートには、こうある。パリ一八区警察署の警察官が、こう話したというのである。「いじめている本人ですら、悪いことをしている自覚がなかったりする。相手を傷つける行為はいけないこと。相手がイヤだと思う行為である以上、それはいじめです」。

日頃から「自分の人権も、他人の人権も大切に」と教え、大人の目でいじめを早期発見する。あるいは大人が存在感を示すことによって、いじめの相談を受ける。「相手が嫌だと思えば、それはいじめになる」と繰り返し伝えること。これこそがいじめ対策の基本なのだろう。

精神論でなく、現場の充実を

フランスでは、新自由主義を推し進めたサルコジ政権から社会党のオランド政権に代わり、特に教育を重視するようになった。

サルコジ政権時代は緊縮財政を推し進め、教員の数が一万二〇〇〇人減らされた。教師が定年退職する際、二人退職したら一人を新規採用するという方式で人減らしをしたという。

それが一転、オランド政権では、教員を五万人増やすことになった。もちろん財政事情があるので一気に進めるのは困難だろうが、国の将来を考えたら、教育を重視するのは当然のことだ。

教員の数が増えれば、学力面でもいじめ対策でも、これまでよりは良い効果が期待できる。

日本の教育においては、いじめ対策にしても学力向上への取り組みにしても、現場の教員の頑張りに期待する、という内容が多すぎる。きちんとした教員の数を確保することや、カウンセラーを配置することをおろそかにしておいて、「みんな頑張れ」では精神論だ。

世界中どこの国の教育現場も大変だ。「理想の国」があるわけではないし、日本ばかりがおかしいのではない。それぞれの状況を冷静に見定めること。フランスの現場の取り組みも大いに参考になるだろう。

●いじめ対策の試行錯誤

池上　私は、フランスのいじめという観点は新鮮でしたね。よくあんな生々しい話をたくさん聞けたな、と思います。

増田　この取材内容を紹介したとき日本でいじめを研究している方たちからも、「フランスにもいじめはあったんですね」と言われました。個人主義の国なので、そうした問題はないのではないかと思っていたというのです。特にフランスに関しては、いじめ問題の研究も少ないようです。ただ、実際に取材をしてみると、いじめはあるもの、当然のものと考えて、現状に即して対応しています。これまで世界各国を取材してきて再確認したのは、中学生は国を問わず難しい年代だということです。でも、フランスの先生たちは冷静に対応している印象でした。

忘れがたいエピソードがあります。本文でリポートした、いじめによる自殺事件があったパリ一八区のマークス・ドーモア中学校では、事件の直後、地域の中学校の校長先生たちが駆けつけ、鳴りやまぬ電話への対応や不安におびえる子どもたちの世話を一手に引き受けてくれて、デュペラ校長を助けてくれた、という話でした。「今、子どもたちのためにすべきことをやる」という姿勢に私は非常に共感したのです。もちろん、校長に与えられた権限は大きいですし、自殺があったからといって、校長以下学校関係者には何もお咎めはありません。学校外で自殺が起きたということもありますし、そういうことが減給や辞職の理由にはなりません。生徒に対して性的な問題を起こしたら即刻解雇されますが、それ以外の問題の場合には教師は比較的、労働組合などに守られている気がする、という話でした。

池上　周囲の学校の先生たちの対応は感動的ですね。日本だったらそんなことはあるのかな。

増田　助けてあげたいけど、自分が行ってよいものだろうか、と思うのでは。いろんな学校を見てきて現場の人が率直な感情で動くということが、弱くなってきているんじゃないかという印象です。

池上　学校外だと問題にならないというのは、どういうことなんだろう。あのいじめはそもそも学校で始まったことですよね。その点での責任は問われないんですか。

増田　私も同じ質問を当事者の先生たちに投げかけましたが「どうして?」と逆に聞かれてしまいました。

　つまり、いじめがあったことを知っていて放置していたわけではなく、まったくわからなかったというのが事実だからではないでしょうか。「警察や当事者たちの協力を得て、調査もきちんとしたし、公開すべき情報は包み隠さず公開した」とデュペラ校長は言っていました。もちろん先生たちのショックも大きく、カウンセリングが必要なほどでした。こうした状況の中で、教員を減給処分にしたり、辞職させたりすることが解決策になるのか、それ以外にやることがあるのではないか、ということなのでしょう。本文でも触れましたが、フランスの中学校には生徒指導専門官＝CPEがいますし、今回のケースではCPEや校長が任務を怠っていたわけではありません。むしろ、もともと問題の多い学校だという意識が強いですから、日頃から懸命に生徒と向き合っています。私の取材中にも、校長室に呼び出された保護者の前でCPEが大声で子どもを叱りつけたり、保護者を励ましたりしている場面がありました。今回のケースでは、自殺した女子生徒の保護者も、学校やいじめた生徒の側に責任をとれと提訴することはありませんでした。

●フィンランドのいじめ防止プログラム

増田　どこの国でいじめ問題を取材しても、まず「子どもが安心して話せる環境をつくることが大事だ」と言われます。子どもは大人が思っている以上に、自分から自分の気持ちや思いを話すことが難しい。だからフィンランドの小学校の授業にあったように、「困ったことがあったら話してみよう」という環境をつくることが第一なんです。

池上　フィンランドが教育に投資しようと舵を切ったのは、一九九〇年代のことだったよね。隣国のソ連が崩壊した影響で対ソ連の貿易が激減して失業率が最悪時で一八％に達し、その頃から社会的にも、学校現場でも問題が多くなった。

増田　そのとおりです。いじめの問題も顕著になり、学校に対して何ができるのかということを国を挙げて討論しましたが、どうやったらいいのかわからない、という状況だったそうです。そんな折、二〇〇七年一一月、首都ヘルシンキ近郊の高校で、男子生徒の銃乱射事件が起こりました。生徒六人と看護師、校長が犠牲となり、男子生徒も自殺するという痛ましい事件でした。ちょうど私がフィンランドへ取材に行く直前の出来事で、事件四日後にヘルシンキに入ると、どこの学校でも事件直後の衝撃で、生徒たちは不安に陥り、先生たちも憔悴しきっていました（詳しくは拙著『教育立国フィンランド流教師の育て方』を参照）。

池上　そう、フィンランドは子どもや青年による銃撃事件に苦しんでいますよね。フィンランドの銃の所持率は、アメリカ、イエメンに次いで世界第三位。フィンランド人は「森の民」と言われるように、生活の中で食料を得るために狩猟が欠かせない地域もある。そういう文化なんだよね。だから、一五歳から銃の所持が可能だと聞いている。

増田　でも、こんな事件が起きてしまったからには、その対策として、ただちに金属探知機を学校に設置したり、所持品検査を徹底したりするのかと思ったのですが、フィンランドの人たちの対応はそうではなかった。「なぜ、男子生徒は、そのような行動をとったのか」という原因に答えを求めていったのです。その結果、男子生徒には親しい友だちがおらず、孤立していたということがわかりました。両親がクリスマスプレゼントは何がいいかと聞いたら「友だち」と答えたという話には胸が詰まりました。その後、同様の銃乱射事件が職業高校で起こったこともあって、フィンランドでは二〇〇六年から開発に着手していた「キヴァ・コウル」（Kiva Koulu ＝Nice School：「よい学校」という意味 http://www.kivakoulu.fi（英語表記あり））といういじめ防止プログ

キヴァ・コウルの教材，年齢に合わせて３種類．

ラムを国のプロジェクトとして導入したんです。

池上　そのキヴァ・コウルとはどんなものですか？

増田　フィンランドのトゥルク大学の研究チームが国家予算をもとに開発したプログラムで、二〇〇六年から準備が始まり、最終的には二〇一一年までのプロジェクトとして実施されました。年齢に合わせて一年生、四年生、七年生（中学一年生）向けの三種類の教材と指導の手引があります。どの学年のものでも基本の考え方は同じです。「いじめを見分けよう！」とか「いじめと集団のかかわり」といったテーマ別に一〇のレッスンと教材が用意されていて、例えば「仲良く遊んでいる子たち」、「ベンチに一人でポツンといる子」の写真を見て、その子たちの気持ちを考えるとか、心地よい集団とはどういう集団なのかをみんなで話し合うとか、そういう内容です（**写真**、一七五ページの**コラム**）。

実は、このプログラムは、二〇一一年にプロジェクトが一段落した段階でライセンスがトゥルク大学のものとなり、同大学はこのプログラムを海外に輸出する、ということを始めました。

池上　教育を商品化する、ということなのかな。

増田　はい、そのとおりです。二〇一三年一月の段階では、オランダで七〇校、ウェールズで二〇校、アメリカではクラス単位で六〇クラスが、このプログラムを取り入れて実践していると聞きました。最近では、石油に代わる資源として教育に注目している中東の国々、サウジアラビアやアラブ首長国連邦のアブダビなどにもセールスに出かけたそうですよ。日本でも関西地方で取り入れてみようという試みが始まっています。

池上　石油収入でやってきたアラブ首長国連邦やカタールなどの国々は、ポスト・オイル、つまり石油や天然ガスが枯渇したあとをどうすべきか真剣に考えていて、教育重視を打ち出している。アラブ首長国連邦の中のアブダビ首長国は、アメリカのニューヨーク大学やＭＩＴ（マサチューセッツ工科大学）やフランスのソルボンヌ大学の分校を誘致したり、フランスのルーブル美術館の分館を持ってこようとしたりしている。カタールは教育財団を設立し、多額の資金を教育に投資し始めているからね。

増田　そんな事情があって、取材の際に、プログラムの詳細や教材の内容を公開したり勝手に使用したりしない、という誓約書をトゥルク大学で書いてきました（苦笑）。

池上　まさに知的財産権だね。

増田　一つ断っておきたいのは、これがフィンランドらしい！　のですが、こうした国家プロジェクトが終わったあとも、その活動がいいと思ったら現場では引き続きプログラムの実践をしていますし（全小中学校の九〇％）、三種類の教材がありますが、この教材もマニュアルどおりにやるのではなく、自分たちの学校に合うように内容をピックアップしたり、やり方を工夫したりしながら使っている、という点です。

本文で紹介したソトゥンギ高校の校舎は、地域の中学校も一緒に使用しているのですが、その中学校ではプロジェクトが終わったあとも形を少しずつ変えて、継続してキヴァ・コウルのプログラムを実践しています。

繰り返しになりますが、結局、「何でも言える環境」、「居心地のいい環境」をつくることが、いじめを防ぐ第一歩であり、基本じゃないかと思います。

池上　フランスには教師だけでなく、ＣＰＥや地域の人の存在があり、フィンランドにはキヴァ・コウルのようなプログラムがある。それだけでなく、生徒サービスチームというのがあったよね。

増田　はい、あります。副校長やカウンセラー、看護師などがチームを組んで、子どもの生活面の問題に対応するというものです。

池上　重層的に大人の目を届けるというかな。いろんな「斜めの関係」も大事にする。上から見ると、陰になっている部分は見えないわけだから。

増田　子どもの激しい感情の起伏を周囲のいろん

な人が受け止め、連携して問題解決に当たる。その点、フランスのやり方は非常にアナログですし、フィンランドの場合にはプログラム化されていますね。
池上　それぞれの国の人たちの気質に合ったやり方なのかもしれないね。
増田　フランスの人たちの行動の根本的なところにあるのが、人権という思想ですね。本文で紹介した子どもに人権を教えるアソシエーション（NPO）JADEに取材して、素直な気持ちで彼らの活動に感激したんですね。とにかく、参加している若者たち自身が楽しんでいるのが伝わってくるんです。
　このJADEの活動では、毎年三〇人の若者が、九カ月間でおよそ二万人の子どもと接することになるそうです。「草の根の活動でも、続ける意義は大きいと思います」とJADEのスタッフであり、この活動を紹介してくれた元中学校の校長は、自信に満ちた顔でそう語っていました。
池上　日本ではいじめというと「道徳」を持ち出すけど、人権という視点は大事だね。日本でも大事にしたい観点だ。

●保護者対応は難しいが、ぶれない

増田　どこの国でもそうですが、「保護者への対応が難しい」。フランスで、看護学生を招いていじめ防止の取り組みを行ったギュスターヴ・モノ中学のベテラン看護師、パケ先生もそれはしみじみ言っていました。子どもに何か問題が起こったときの保護者への対応の難しさは、日本だけではありません。
　日本では「モンスター・ペアレンツ」という言い方が定着するほど、保護者に対する学校の対応が難しくなっていて、それが先生たちの疲弊につながっているのはよく知られたところです。では扱いが難しい保護者は日本にしかいないのか、といったらそんなことはなく、これまで私が取材をしたどこの国でも、似たような保護者は必ずいました。もちろん、フランスで他の中学を取材したときにも同じような話はいくつも出てきました。ただ、逆ギレするような保護者にはどう対応するのか聞いてみたところ、マークス・ドーモア中学校のCPEのカバッシュさんは、「毅然とした態度で臨み、学校のやり方に従ってもらいます。相手(保護者)の言いなりにはなりません」とキッパリと言っていました。これは、他の学校の校長も同じ答えでしたし、フィンランドの先生たちも同様の反応でした。

池上　なるほどね。

増田　こんなこともありました。パリ二〇区にある中学校を取材したときのことです。ある女子生徒が食堂で食事をした際、その場所をすごく汚しながら食べていたので、監視員がそれを見ていてCPEに報告し、「掃除をしなさい」と指導をしました(フランスでは掃除は業者に任せていて、生徒は掃除をしない)。しかし、女子生徒が反抗的な態度をとり、やったフリだけをして済ませようとしたので「ちゃんとやりなさい！」とCPEに叱られたそうです。しまいには泣き叫び始めたので、教員が駆けつけて再度掃除をするように促しその場をおさめた。ところが放課後になって、その生徒の母親がものすごい剣幕で、「私の娘は掃除をするために学校に行っているんじゃありません！」と電話してきたそうです。

池上　校長はどのように対応したのですか？

増田　校長は、母親に女子生徒が掃除をしろと言われた理由について丁寧に説明をして、電話を切りました。

池上　それで済んだのかな。

増田　いえいえ、納得できない母親は、そのあと長い文面のE-mailを校長宛てに送りつけてきました。そればかりではなく翌朝になって、「娘は(校長の説明は)違うと言っている。校長と会って話がしたい」と、また電話をかけてきたそうです。

校長は「最初の電話で説明しましたし、メールにも同じ内容の返事を書きました。ですから今すぐに会う必要はありません」ときっぱり断りました。

「女子生徒がどういう状況で食堂を汚し、掃除の指導が行われたのかを検証するために、監視員やCPE、その場に居合わせた生徒や駆けつけた教員から聞き取りをしている最中です、全部わかったところでお話しします」と言いました。母親は怒り狂っていましたけれど、こちらだって対応に一時間半もとられているんです。はっきり言っていい迷惑ですよ。それだけの時間があったら、ほかの仕事がいくらでも片づきます」、「学校が直すべき点はたくさんある。それはそのとおり。しかし、子どもの問題について学校がすべての責任を負うと考えているというのは、一方的でおかしな話ですよね。問題点がわかったら、それを解決するために学校も家庭も一緒になって努力すべきなのに、「うちの子どもは悪くない。悪いのは学校」と決めつけ、自分の子どもを歪んだ形で守ろうとしてかえって悪い方向に行ってしまう。結局、親が子どもに操られている。しつけなんてできるはずないですよね」と言っていました。

池上　たとえ親からであっても理不尽な要求は拒否する。これは教師としての誇りかな。

増田　そうですよね。フランスでは、CPEを経験することが校長になることの早道だと言います。CPEと校長が一番密な関係にあるというのです。ドーモア中学校のデュペラ校長も、社会科の教師をしたあと、CPEを経て校長になりました。「この仕事を選んでやっています。好きでなければやってはならない仕事。それが教師です」、デュペラ校長のこの言葉は心に響きました。

二〇〇五年に若者が亡くなって暴動が起こるという惨事があったパリ郊外のサンドニ地区で、その後、学校だけでなく、地域全体の立て直しに尽力し、成果をあげた校長がいます（拙著『移民社会フランスで生きる子どもたち』参照）。ニコラ・フェルド校長といいますが、彼はその後教育省に異動となり、フランス全土の中学校教育を取り仕切るトップのポジションに就きました。どんな寒い日でも毎朝校門の前に立ち、生徒一人ひとりと握手をしながら挨拶をすることから始め、学校だけでなく、保護者、警察、地域住民、民間団体のアソシエーション、芸術家などなど、ありとあらゆる人たちの協力を得て、地域全体の立て直しに当たったのです。「ただただ、夢中に取り組んだことしか覚えていない」と彼は振返ってそう言っていましたが、評価する側は、そういうところをちゃんと見ているんですね。

池上　行政の立場からだと、「上」から見がちです。先生が教室の中でやっていることをどう評価するかは難しいですよね。その判断はなるほどと思いますね。

■コラム　フィンランド　キヴァ・コウルの実践例

本書「エネルギー問題をどう考えるか」で紹介した、ソトゥンギ高校と同じ建物にある中学校での実践例です。キヴァ・コウル担当のユッシ・ハマライネン先生(男性)に伺いました。

三年前の二〇一〇年から取り組みを始めました。中学校なので七年生(中学一年生)向けのプログラムを活用しようと思いましたが、うちの学校の生徒の方が大人びているので、使いやすいように応用しています。教材の中にはアンケートや実習内容について活用できるプリントがたくさんあるので、それを主に使っています。

うちの学校でまず始めたのは「投書箱」(ポスト)を作ることでした。

毎年、八月終わりに始まる新学期に、新入生の七年生のためにガイダンスを開きます。場所は体育館。ガイダンスを進行するのは、「サポート・ステューデント」を務める先輩たち。そのサポート・ステューデントたちが、学校で楽しく暮らすにはどうしたらいいか、こういうことはいじめではないか、といったことを演技で表現します。そのあと、その場にいた一〇〇人ほどの生徒たちが入り乱れてグループをつくっていきます。「いじめられた体験がある」、「いじめを見たことがある」、「かばってもらったことがある」というようなグループ分けです。グループごとにいじめについて話し合い、その後、全員の話し合いに発展していくのですが、毎年同じような結果です。大半の子たちが「いじめはよくない。でも見ていても何もできない。何かしたいけど、行動できない」と言います。

そこで、投書箱の登場です。このポストには無記名でコメントを書いた紙を入れることができます。行動できなかった子でも、行動ができるようにしたのです。最初の年に投書されたいじめ問題は、一〇件ぐらいだったと思います。

キヴァ・コウルの活動では、「キヴァ・チーム」をつくって問題解決に当たります。チームのメンバーは、教員と生徒の代表からなり、次に挙げるようなプロセスごとの教材プリントを活用しながら、いじめ解決の道を探っていきます。当事者の子どもと面談するのは教師の役割。生徒の役割は主に、いじめ防止のための啓発活動を行う役割です。

●プロセス1――問題の概要を把握する

・キヴァ・チームの中から、そのいじめ事件の担当教師を決める(二人の場合が多い)

・いじめに参加している子の名前を、担当教師が教材プリントに記入する

・いつからいじめがあるのか、誰がいじめられて(いじめて)いるのか、いつ頃から、何回ぐらいあったのかなどについて、周辺の生徒や教師へ聞き取り調査をする。

客観的に問題をとらえるために、該当する子どもと親しすぎない教師が担当することがポイント。

●プロセス2――被害者と話をして、診断書を書く

プリントを活用して、いじめられた子と面談をし、いじめの内容について聞き取りをする。暴力の度合い(叩かれたのか、殴られたのか、など)、使われた言葉、仲間外れなどの行動に関して記録する。ここでは、プリントにあらかじめ準備されているいくつかの質問がいらない場合もあれば、プリントにある項目以上に詳細な記録が必要になる場合もあり、ケース・バイ・ケースだ。診断書を書き終えたら、いじめられた本人に内容を確認してもらい、署名してもらう。これは主観的な内容でもあるので、一〇〇%真実ではないかもしれない。

●プロセス3――加害者と話す

これがなかなか難しい。一人ずつピックアップするのか、グループなのか、クラス全体なのか。これもケース・バイ・ケースで、担当の先生が方法を考える。

キヴァ・チームの先生が加害者の子と話すときには、最初に「キヴァの担当です」と自己紹介をすること。呼び出された本人が、なぜ呼ばれたかわからないことがあるからだ（その方が多い）。まず、子どもの気持ちを話させることから始めるが、自分が他人をいじめていた意識がまったくない子もいるし、別のケースを話し始めて新たな問題が見つかることもある。

「あなたと被害者（いじめられた子）との間にはこういうことがあったと聞いている。相手はどうしてそう思ったのかな？」という問いかけから始めて、「いい学校とは」、「いじめとは」ということを本人に考えさせる。本人に相手をいじめた自覚のあるなしにかかわらず被害者が出てしまったことに変わりはないので、言葉の暴力だった場合には「もう言わない」、相手が怖がっていたり、何となくイラつくと感じるから言葉や態度でいじめるという場合には「被害者に近づかない」という約束をプリントに書かせ、署名をさせる。

●プロセス4――あやまる

双方から事情聴取が済んだら、一週間のうちに加害者の子が被害者の子に会い、あやまる。

あやまらなかったり、約束が守られていなかったりする場合には、最初からプロセスをやり直す。

それでもいじめが止まない場合には保護者を呼ぶことになりますが、そこまでのケースはこれまでにありません。ただ、一週間では済まず、一カ月かかることはあります。

保護者と学校とは、パソコンシステムでつながっているので、保護者にもこの取り組みの理解やサポートを求めています。いじめ予防のための生徒たちの活動の効果もあって、最初は一〇件だった投書が、二年目は七件、三年目は三件と減ってきています。活動としてうまくいっていると思いますし、学校の環境も過去に比べて良くなっていると感じます。

　子どもですから、言動が軽はずみな子もいますし、コミュニケーションがうまくとれない子もいます。とにかく子どもたちが話せる環境をつくり、いい学校にするためにはどうしたらいいかを常にみんなで考える。いじめを予防するには、その繰り返しに尽きるのではないでしょうか。

4

被災地の未来を音楽で切り拓く

福島県相馬市にて 2013 年 2 月，エル・システマのコンサート．

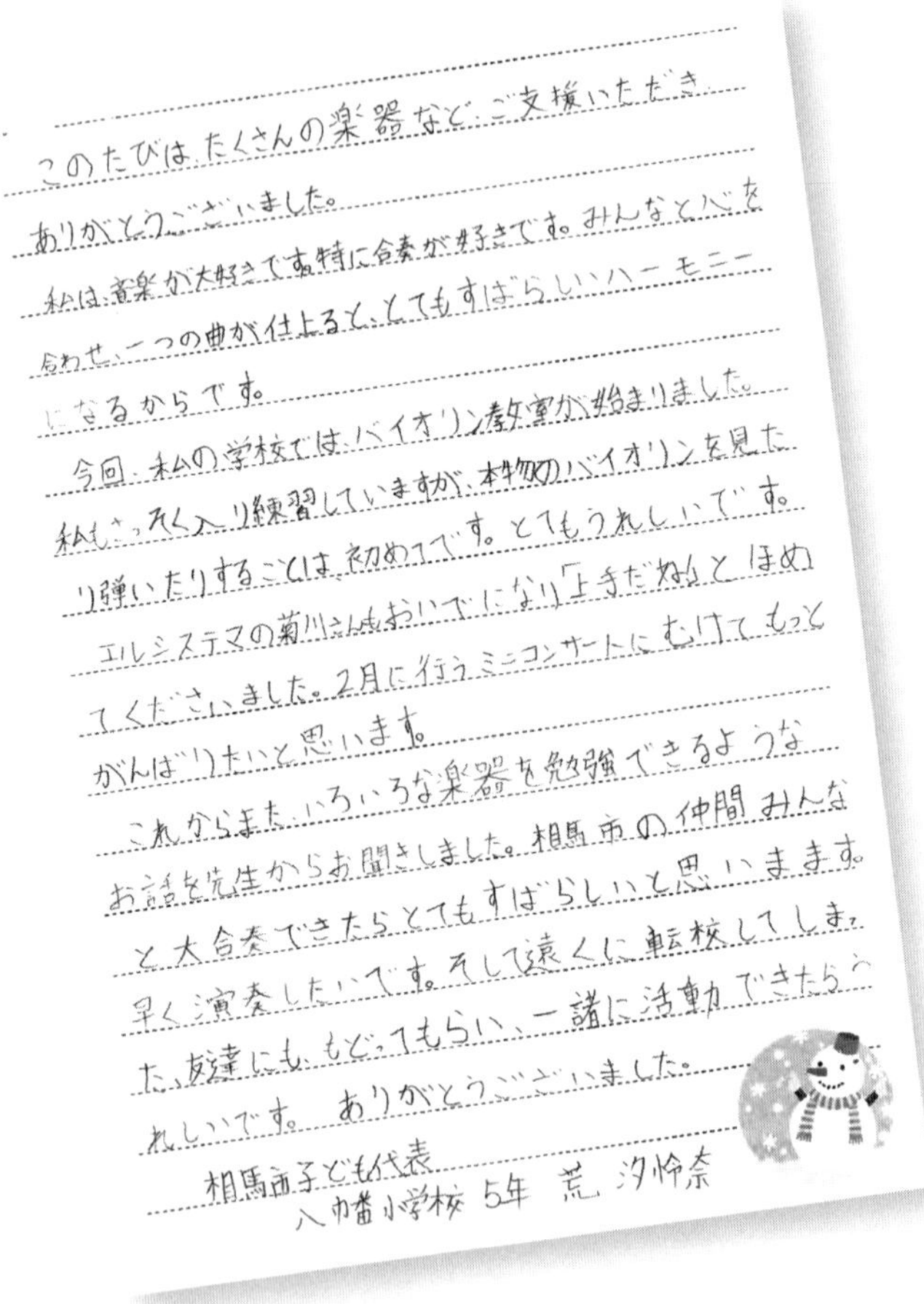

このたびは、たくさんの楽器など、ご支援いただき、
ありがとうございました。
私は、音楽が大好きです。特に合奏が好きです。みんなと心を
合わせ、一つの曲が仕上ると、とてもすばらしいハーモニー
になるからです。
今回、私の学校では、バイオリン教室が始まりました。
私もさっそく入り練習していますが、本物のバイオリンを見た
り弾いたりすることは、初めてです。とてもうれしいです。
エルシステマの菊川さんもおいでになり「上手だね」とほめ
てくださいました。2月に行うミニコンサートにむけてもっと
がんばりたいと思います。
これからまた、いろいろな楽器を勉強できるような
お話を先生からお聞きしました。相馬市の仲間みんな
と大合奏できたらとてもすばらしいと思いまます。
早く演奏したいです。そして遠くに転校してしまっ
た友達にも、もどってもらい、一諸に活動できたらう
れしいです。ありがとうございました。
相馬市子ども代表
八幡小学校 5年 荒 汐怜奈

エル・システマジャパンの2013年グリーティング・カード
より．相馬市子ども代表・荒汐怜奈さんの作文．

ベネズエラの音楽教育プログラム「エル・システマ」

取材・文＝増田ユリヤ

　南米ベネズエラ発祥の音楽教育プログラムで、東日本大震災で被災した子どもたちの未来をサポートしていこうという試みが始まっている。プログラムの名前は「エル・システマ」(El Sistema：スペイン語。英語でいえばThe System)。一九七五年、ベネズエラの政治家・経済学者で、音楽家でもあるホセ・アントニオ・アブレウ氏が始めた活動だ。

　貧富の差が激しいベネズエラでは、犯罪率が高い。スラム街に暮らす子どもたちを貧困や暴力、ドラッグといった社会問題から救い出すにはどうしたらいいのか。アブレウ氏が提唱したのは、オーケストラや合唱による音楽教育だった。どんな状況にある子どもでも、きちんとした指導のもとで楽器を手にして仲間と一緒に演奏をすれば、おのずと向上心や連帯感が育まれていくというのだ。希望する子には誰にでも無償で楽器を提供し、子どもたちがお互いに教え合いながら、一つの音楽を作り上げていく。表現する喜びや演奏をやり遂げたときの達成感を仲間とともに感じ、「音を楽しむ」ことで心が満ち足りることを知り、それがどんな困難な状況の中でも、明日を生きる活力へとつながっていくことを学ぶ。

最初はたった一一人の子どものために立ち上げたというこのプログラムは、現在、国内およそ三〇〇カ所の教室に約四〇万人の子どもたちが通う活動へと発展していった。政府も年間六五億円という規模の支援をしているという。

このエル・システマの活動はベネズエラ国内だけにとどまらず、南米各国をはじめ、スコットランドやアメリカ、韓国など、今では世界三二カ国に広がりを見せ、その国の状況に合わせたプログラムが実施されている。

東北でエル・システマをやるべきではないか

大震災と原発事故という災害に見舞われた福島県相馬市にこの活動が紹介されたのは、二〇一一年一二月のこと。きっかけは、震災直後に日本ユニセフ協会から緊急支援本部チーフコーディネーターとして派遣された菊川穣《ゆたか》さんが、ユニセフ親善大使として被災地を訪問していたベルリン・フィルハーモニーのメンバー、ファーガス・マクウィリアム氏から言われた一言だった。

「東北でエル・システマをやるべきではないか。君ならできるよ」

この頃、菊川さんは被災地で支援活動をする中で、真剣に悩み始めていた。

「二〇一一年一一月、ユニセフ協会の支援で「相馬の子どもが考える東日本大震災発表会」(福島県相馬市教育委員会主催)が開かれたときのことです。この会は、子どもたちが震災についてどう感じ、考え、向き合っているのか、ということを率直に語り合うことを目的としていました。そこである小学生の男の子がこう言ったのです。「相馬の復興は、これから二〇年から三〇年はかかると思います。

それは私たちの人生そのものでもあります。私たちは相馬市の未来づくりに役立つ人間になれるよう、しっかりと学び、考えていきたいと思います」。衝撃でした。子どもにとって、震災からの復興＝人生そのものなんだ、と。じゃあ、彼らの人生に対して、自分はどんな支援をしていけるのか、と」

エル・システマジャパン代表の菊川穣さん．

　家族や友だちを亡くした子ども、津波で家を流された子ども、原発事故の影響で避難している子ども……。表面的には、日々の生活を少しずつ取り戻しているように見えても、子どもたちが心に負った傷は計り知れない。見えない放射能の不安と向き合いながら、それでもふるさとで生きていく子どもたちが未来に希望を抱き、自信と誇りをもって生きていくにはどうしたらいいのか。

　実は菊川さん自身、ユネスコ（国連教育科学文化機関）、ユニセフ（国連児童基金）の職員として九年間、南アフリカ、レソト、エリトリアで子どもたちのために活動していた経験がある。病気や貧困、暴力から子どもを守り、未来への希望をもたせるという教育や公衆衛生のプログラムに携わっていたのだ。

　菊川さんに声をかけたマクウィリアム氏も、エル・システマの活動に携わっている一人だった。ホルン奏者として、毎年のようにベネズエラを訪問して子どもたちの指導に当たり、二〇〇八年には自身のふるさとであるスコットランドにエル・システマを設立している。氏の話によれば、エル・システマの活動は、実施される国や地域の状況に合わせてフレキシブルに行われているという。スコットランドの場合は、日本と同じように少子高齢化が進み、経済が疲弊して、このままでは衰退の一途をたどるしかない、という状況だった。「スコットランドでもできたのだから、絶対に東北でもできる」、そんなアドバイスや励ましが、菊川さんの悩みや迷いを吹き飛ばし、背中を押してくれた。

そして、菊川さんは日本ユニセフ協会を辞め、エル・システマジャパン(http://www.elsistemajapan.org/)を立ち上げたのである。

学校でエル・システマをやろう!

一般社団法人としてエル・システマを立ち上げ、代表となった菊川さん。自身の役割は「コーディネーター」。つまり、この活動に賛同してくれる人たちに、どのように協力してもらい、子どもたちとかかわってもらうか、ということを調整し、資金を調達する役割だ。

「エル・システマの活動を始めるにあたって、マクウィリアム氏に話を聞いた以外は、例えば日本の著名な演奏家に相談をするようなことは一切ありませんでした。日本の音楽家や音楽教育をとりまく状況はまだまだ閉鎖的で「どんな演奏家に師事したかを経歴に書く」ということに象徴されるように、学閥があったり、師匠がその人のブランド力になったりします。しかし、エル・システマが目指すものはそうではありません。演奏することを心底楽しみ、そのエネルギーを、明日を生きる力へと変えていくことなんです」と菊川さんは言う。もちろん、自身も音楽についての教養や理解はあり、高校時代は吹奏楽部でアルトサックスを吹いていたという。しかし、「もし私が音楽の専門家だったら、自分があれやこれやと指導をしたくなってしまって、うまく活動をまわしていくことに専念できなくなったのではないかと思います」と話す。

子どもたちに対して、いつどのように活動の場を提供していくのか。放課後の時間、週末などいくつか考えられる選択肢はあったが、場所の提供や指導者の確保、子どもたちが参加しやすい形、ということを考えたときに、場所は学校がいいのではないか。そして、小学校から始めたらどうか、という結論になった。もともと相馬市の小学校では、弦楽合奏、マーチング、合唱などの活動が放課後のクラブとして盛んに行われていて、全国大会にまで出場した経験もある。すでに楽器もそろっていて活動の基盤ができている。まずはそうしたクラブ活動を支援すると同時に、これまでまったく楽器を持ったことがない子にも演奏する機会(教室)を設ける。そして将来的には、小学生だけでなく中学生・高校生も一緒に「相馬子どもオーケストラ&コーラス」を結成する。これが「日本のエル・システマ」の目標となった。

数カ月の準備期間を経て、二〇一二年五月には相馬市の「音楽による生きる力をはぐくむ事業」として、「エル・システマジャパン」と相馬市との間で正式に協定が結ばれた。七月の夏休みから本格的に始動したエル・システマの活動では、拠点となった市内三つの小学校で、地元の人材を中心に国内外から協力を申し出てくれた専門家が弦楽器の演奏やコーラスの指導にあたり、一年足らずで合同コンサートを開催するに至った。二〇一三年二月に開かれたコンサートの冒頭では、わずか四カ月前に初めてバイオリンを手にした子どもたち一八人が、モーツァルトの「きらきら星変奏曲」を見事に演奏した。

「生まれて初めてバイオリンという楽器を見ました。音が出たときには本当に嬉しかったです。ありがとうございます」と挨拶をした子どもたち。彼らが使っている小さなバイオリンの多くは、全国からの善意で集まったものである。感謝の気持ちを忘れず、その喜びを演奏で表現した子どもたちの姿に、客席から見守っていた保護者や地元の人たちの表情は、久しぶりの笑顔に包まれていた。「子どもたちの嬉しそうな様子や親御さんたちの喜ぶ姿を見て、大変なことも多いですが、この活動をやって本当によかったと思いました」と相馬市教育委員会の関係者は言う。

人材をどう確保するか

学校という場でエル・システマを始めるにあたっては、いくつかの偶然が重なったこともあって、一年足らずの間に、いわばとんとん拍子で活動が進められていった。その一つが、人材の確保である。

まず、教育委員会を訪ねた菊川さんは、

①いったい誰にバイオリンの指導をお願いできるのか

②学校という場で、しかも無料で楽器のレッスンを受けられるとなったときに、古くから地元にある楽器メーカーの音楽教室との兼ね合いをどうしたらいいか

ということを相談した。その場には、地元の楽器メーカーの後藤賢二さん(七〇歳)も同席していて、経緯を説明した。すると、後藤さんはこう言ってその場で電話をかけ始めた。

「子どもオーケストラは、私の長年の夢でもあります。同じ思いをもったバイオリンの先生が、原発事故で、南相馬市から市役所の近くにある実家に避難してきています。すぐに連絡してみましょう」

電話をかけた相手は、南相馬市でバイオリン教室を主宰していた須藤亜佐子さん(五七歳)だった。原発事故で避難生活を余儀なくされていただけでなく、病に倒れた夫の看病、実家の親の世話まで一手に引き受けていた。それでも、自分が子どもの頃からお世話になっていた後藤さんからの誘いに、二つ返事で快諾をした。

「やった! と思いました。やらねばならないことに追われ、自宅にいつ帰れるかわからない状況の中で、またバイオリンを教えることができる。しかも、後藤さんと一緒に夢見ていた、子どもオーケストラを結成することができるかもしれない。こんな嬉しい知らせはありませんでしたね」

と須藤さんは言う。活動の準備が始まった直後には、一〇年もの間、闘病生活を送っていた夫が亡くなるという不幸にも見舞われた。しかし「日々精一杯、前だけを向いて生きる」ことをモットーとしている須藤さんは、子どもたちの指導に当たっているときも、どこまでも明るく、エネルギッシュである。

もう一人、一九九〇年代に相馬の小学校の器楽部を全国大会に導いた当時の顧問、星洋子さん(六二歳)にもすぐに声をかけた。ちょうど小学校教員を定年退職したばかりだった星さんは、教育委員会のある市役所の同じ建物で、週三回児童相談の仕事をしている。時間的にも多少の余裕があり、自分が最後に教えた子たちもまだ小学校にいる。全国大会に出場した当時から、星さんの指導目標は

「楽しんで演奏すること」だった。コンクール至上主義に陥りがちな風潮の中、その方針は画期的なものであったし、だからこそ全国大会出場という結果に結びついた。そうした音楽に対する考え方や指導方針は、エル・システマの目指すところとぴったり一致していたのである。

後藤さん、須藤さん、星さん。この三人がいたからこそ、相馬におけるエル・システマジャパンが成立した、と言っても過言ではない。

どんな子にも本物の文化にふれる機会を与えたい

学校を舞台に活動を展開していくのだから、学校や教育委員会の理解と協力はもちろん欠かせない。活動を積極的に推進していく原動力となってくれた一人が、教育委員会学校教育課の鈴木孝守さんだ。

「私はこの地域で生まれ、育ちました。大学生になって東京に出て、圧倒的に周囲の人との違いを感じたのは、「本物の文化に触れる機会がなかった」ということです。ピアノはもとよりバイオリンやバレエ、演劇など、子どもの頃から専門家についてさまざまな能力を伸ばし、技術を身につけてきている人がいかに多いか、ということを知りました。都会にはそうした文化を提供する場もあり、教える人材もたくさんいる。自分でちょっと足を運べば、一流の名画を目にする機会だって日常的にあります。山奥で育った私には、そうした経験がまったくなかった。子どもの頃から本物に触れ、もっと早い時期から教養を身につけたかったと非常に悔しい思いをしました。そんな機会があれば、たとえへき地に住んでいる子でも、その子の才能をもっと伸ばしてやることができるのではないか。エル・システマの話があったときには「意地でもやろう」と決心したのです」

しかし、相馬市内に全部で一〇ある小学校の校長を対象に説明会を開いても、最初に関心を示してくれたのは半分の五校。「鈴木さんは、今は熱心に語っているけれど、どうせ教育委員会にいるうちしかこの活動をやらないんでしょう?」という批判の声も浴びせられた。たしかに四、五年で教育委員会は異動の時期がくる。「被災地の先生は、日々の子どもたちのフォローが通常の学校以上に大変です。しかも、外部から支援したいという申し込みがひっきりなしに来て、嬉しい悲鳴を通り越して、忙しすぎて手がまわらないような状況にあります。だからこそ、うまく活動を立ち上げて、先生たちにバトンタッチしていかなければ続けていくのは難しいだろう、と感じました。学校での活動に組み込まれてしまえば、どんな形であれ進んでいくと思いますからね」と鈴木さん。

エル・システマ創始者の1人，フランク・ディ・ポロ氏が歩きながら演奏．

私がこの話を教育委員会で聞いたとき鈴木さんの隣にいたのが、二〇一三年三月まで市内の小学校教頭だった、横山修さんだ。四月から、教育委員会の指導主事となり、エル・システマの担当となった横山さん。教頭だった当時、学校に持ち込まれたエル・システマの活動について、こう思ったそうだ。

「校長に対して説明会があるという案

内が来ました。校長が「行かなくていいでしょう」と言ったとき、私自身もそう思いました。そうでなくても学校は忙しい。お願いしてもいない話が持ちかけられても、対応しきれないですからね」

正直な方である。そんな自分がまさか教育委員会に異動して、担当になるとは思っていなかったそうだ。

「でも、逆に、学校側の要望に対して支援があれば、学校としては「ありがたい」ということになり、こちらも感謝してもらえるんです」

この横山さんの考え方は、学校でエル・システマの活動を進める大きなヒントになった。二〇一三年度は、前年度から始まった既存のクラブ活動への支援や初心者のための放課後バイオリン教室を継続することに加え、週末の土・日を利用して、公民館で須藤先生や専門家の方たちを招いて行う弦楽教室の活動が始まった。参加費は無料で、希望者には楽器も貸してもらえるし、小学生なら誰でも参加できる（実際には、中学生・高校生も参加）。日常の活動に加えて、毎月のようにベネズエラやアメリカなど海外からプロの演奏家が来日してミニコンサートを開催すると同時に、子どもたちの指導に当たってくれる。海外で活動した経験のある日本人の専門家も指導に来てくれる。

アメリカの音大生トリオが小学校で出前授業.

本物の音楽に触れられ、しかも楽器の演奏もできるようになる。保護者たちの間でその評判がどんどん高まり、最初は市内五校からしか希望の手が挙がらなかった活動も、結局一〇校全部に対して何らかの支援をすることになった。支援の内容は、例えば弦楽器の生演奏を鑑賞したいとか、歌唱やリコーダーの指導をしてほしいといった具体的なことだ。頻度は一学期に一度程度のことではあるが、「本物にふれる機会」ができるということは子どもたちにとって、非常に貴重な体験になる。

ある小学校には、アメリカの音大生トリオがやってきた。ピアノ・バイオリン・チェロの演奏を聞かせてくれたあと、希望する子ども一人ひとりに自分たちの楽器を持たせて、初めての子にも手伝ってあげながら「きらきら星」の一フレーズを弾かせてくれた。本物の楽器など目にしたこともない子たちが、自分の手で楽器を持ち、その感触を肌に感じ、音を出したときの感激した様子は、はじけんばかりの笑顔だ。その様子を見ているクラスメイトたちも、目を見開き、一緒に笑い、演奏が終わるごとに拍手をしていた。

「ドキドキした」、「もっと弾いて音を出してみたい」。子どもたちは興味津々である。

全国規模の活動のモデルにしたい

活動の立ち上げから一年あまり経った二〇一三年七月。週末の弦楽教室の参加者は、当初の三〇人から一〇〇人近くにまで膨れ上がった。もう、オーケストラも夢ではない。活動資金は、文部科学省の復興予算やスポンサーとなってくれた企業、善意の寄付などで賄っているが、これだけ人数が増えてくると、指導者も予算もいくらあっても足りない。資金集めのために、ネット上で活動支援金をつのる「クラウド・ファンディング」に参加したり、活動を広く理解してもらうためにシンポジウムを開催したりと、代表の菊川さんは相馬と東京を行ったり来たりしながら、目まぐるしい毎日を送っている。

もちろん、被災地・相馬での活動を軌道にのせていくことが日本のエル・システマの一つの目標であるが、菊川さんの希望はそれだけにとどまらない。

「相馬での活動をモデルケースにして、全国の学校で同じことができれば、と思うのです。ベネズエラのエル・システマが貧困や暴力から子どもたちを救うための活動として成果を上げたように、日本でも、貧しい子でも、へき地に住んでいる子でも、どんな環境にある子でも、音楽にふれ、明日を生きる勇気をもてる機会をつくってあげたい。日本の教育レベルは決して低くありません。しかし、いじめや自殺など、子どもをとりまく環境や問題は、心配で深刻なことも多いです。そこで二〇一三年九月から、青山学院大学教授の苅宿《かりやど》俊文さんの協力を得て、エル・システマの活動が、子どもたちにどんな教育効果をもたらすかということを学術的に調査してもらうことにしました。こうした実証データも基にして、全国展開するためには何が必要かということを客観的に分析しながら、各地域、子どもたちに合った支援に広げていきたいのです」と菊川さん。

エル・システマ創始者のアブレウ氏は、「住むところや食べるものに不自由なだけが貧困ではない。孤独や他人に評価されない、精神的に満たされない、ということだって貧困だ。音楽を通して精神的な豊かさを手にしたとき、貧困が生む負の循環は断ち切られる」と語っている。

被災地相馬で始まったエル・システマの活動が、日本の子どもたちを明るい未来へと導く一助となりうるのか大いに期待しながら、子どもたちの成長を見守っていきたい。

●被災地で音楽を

池上　相馬には私もお邪魔しました。日本でこういった音楽教育が導入されるのは、珍しいことのように思いますが。

増田　これは戦後日本に生まれた音楽教育のスズキ・メソードが日本に戻ってきたようなものだ、という人もいます（『世界でいちばん貧しくて美しいオーケストラ』著者トリシア・タンストールさん）。

ただ、エル・システマは本国ベネズエラでは「踊る交響楽団」とも言われているんですよ。演奏の合間にパフォーマンスを入れたりしながら、まさに「音を楽しむ」のがその特徴です。創始者の一人で、ビオラ演奏家フランク・ディ・ポロ氏がベネズエラから来日した際、行進したり、体をスイングさせたりしながらベートーベンの『歓びの歌』を一緒に演奏していました。子どもたちの演奏はたった数十分の間に、みるみる上達していったのがわかりました。

池上　被災地での活動ということで、本文で書かれた以外の困難などはないんですか。

増田　保護者の中には、いくら数値で示されても、放射線に対する恐怖がぬぐえない人もいます。「子どもをできるだけ外で遊ばせたくない。だから、室内で活動するこのエル・システマの支援は、本当に嬉しい。隠れて外遊びをして汚れた服を隠していた子どもも、演奏することで気が晴れるのか、そうした様子もなくなってきました」と言っていた人もいました。

また、子どもの指導に当たってくれている方の中には、仮設住宅に暮らしながら、いまだ仕事の見通しが立たない方もいます。トランペットの指導をしている保護者の菊地和雅さん（四〇歳）は、相馬市の原釜地区で漁師をしていましたが、祖母と両親を津波で亡くし、実家も流されてしまいました。漁を本格的に再開するメドもなかなか立ちません。「（漁業）組合の話し合いもなかなか前に進まず、後ろ向きになり始めたらキリがありません。でも、学生時代に夢中になったトランペットを子どもたちに教えたり、自分の子どもともゆっくり向き合う時間ができるようになったので、今はそういう時期なんだと考えるようにしています」と明るい表情で語ってくれました。つらかったことを考えるとキリがないと。

池上　被災地の子どもたちは、被災直後は呆然としていることが多く、感情が凍りついたような状態になっていることが多い。しばらく時間が経ってから怖いことを思い出したりして、トラウマが表に出てくる。被災直後は大人たちも子どもたちのことを考えるけど、次第に忘れられてしまう。むしろ一定期間が過ぎたあとこそ、ケアが大事なのだと思うんだよね。

増田　相馬ではまた、震災だけが原因ではない、日本社会の抱える問題にも直面しているといいます。貧困やひとり親世帯など、子どもの成長に大きく影響してくる問題です。主宰者の菊川さんも相馬市教育委員会も、ゆくゆくは「子どもの健やかな成長」という視点でこの活動を広げていきたいと考えています。

エル・システマの活動に参加している子たちの中には、初心者も沢山います。でも、子どものすごいところは、あっという間に技術を身につけていくこと。「子どもは、できるようになってくると「もっと上手になりたい」と思うのです」と、元小学校の音楽教師で、活動に携わっている星洋子さんは言っています。週末の弦楽教室参加者の中にもそういう子が出てきていて、バイオリンの指導に当たっている須藤亜佐子さんは、放課後の時間や土曜日の活動の前後の時間に、自宅でもレッスンを引き受けています。「お腹を空かせて駆けつけてくる子もいるので、おにぎりを握って待っています。肉体的には疲れを感じることもありますが、それ以上に私が楽しいんです」と。

取材の日、須藤先生のレッスンが受けられることが決まったある女の子は、満面の笑みを浮かべていました。その子は星先生の現役時代の最後の教え子だそうですが、「震災後には一度も見せたことがなかった笑顔です」と、星先生も一緒にいた女の子のお母さんも本当に嬉しそうでした。人数も増えてきましたから、その子の実力に合った指導を、どこまで提供していけるか、ということも今後の課題です。

それからもう一つ、この活動で忘れてはならないのが「子ども同士で教え合うこと」です。できる子ができない子に教える。このやり方が、子ども同士の連帯感や支え合いの大切さを育むということですね。これは音楽に限りません。子ども同士で支え合うという手法は、子ども同士でいじめを解決していくという手段と共通するものがあります。

●グローバル人材というけれど

池上　一方でこのところ、日本中どこでも「グローバル化」の掛け声ばかり。「グローバル人材をどう育てるか」というのが議論されているけれど、なんだか違和感があるんだよね。中身を見ると、要するに英語をもっと教えよう、英語で授業をしよう、もっと留学させよう、留学生を受け入れよう、というものばかり。

たしかにこれらも大切だろうけど、「世界で通用する人材」「世界の舞台で戦える人材」とは何か、という本質的な議論をしないまま、具体的な対策ばかりが考えられている気がする。

取材で、世界でいろいろな人に会って話をしていて痛感するんですが、日本のことについて質問されても答えられない。日本の政治システムを説明できない。『源氏物語』を英訳で読んでいて光源氏について質問してくる人もいる。歌舞伎はなぜ男性ばかりで演技するのだと聞かれて絶句する。そもそも日本のことを知らなければ、日本をアピールできない。

違いを認める、多様性を認めることができてこそ、グローバルに活躍できる人材になる。そんな視点が必要な気がする。

それと、世界の大学ランキングに日本の大学をもっと入れようという計画。順位を上げるためには、英語の論文を世界的な権威がある学術誌に投稿すればいいというテクニックを駆使すれば、それなりに順位を上げられるだろうけど、そもそも大学は何のために存在するのか、という議論が欠けている気がする。アメリカのＭＩＴを調査に行き、関係者に聞き取りをしたら、「大学は、世の中を良くするための存在。世の中を良くする人材を育てることです」と言われて、驚いた。なんという理想論か、と。と同時に、その理想を忘れている日本が恥ずかしくなった。

増田　理想を語ることが、いつしか「気恥ずかしいこと」だったり、「どうせできもしないことをカッコつけて言って」みたいに受け取られるのではないか、と多くの人が思うようになってきてはいませんか。他人の目を気にしたり、その場の空気を読んだりすることで、「本質を見失っていく」ということです。もっとシンプルに、ストレートに、根本的な問題や課題と向き合うべきだと思います。

英語教育のことで言えば、最近こんなことを聞きました。ある海外帰国生の多い高校で、英語の教員が次々に心の病で休職していく、というのです。理由は、英語で授業をすることになったため。帰国生から「先生、ネイティブ（スピーカー）の人たちは、そんな言い方をしません」と指摘されると、それだけで自信をなくして教壇に立てなくなるというのです。私だったら図々しく、「じゃあ、どういう言い方をしたらいいか、教えてくれる？」と切り返してしまうかもしれませんが（苦笑）。そこは、英語の先生ですから、プライドがありますよね。

幼児期の英語教育もますます過熱していますし、英語コンプレックスがある保護者は余計に、わが子に早い段階から英語を身につけさせたいと思っているようです。たしかに子どもはスポンジが水を吸い込むようにどんどんいろいろなことを吸収していきます。でも、能力は無限ではないし、個々に違う。英語の分だけ幼児期に経験しておくべきほかのことがはみ出してしまう、とも考えられます。日本人は「日本人としての素養」をもった上で、英語を使ってコミュニケーションがとれることが大事。そのことを忘れてはならないと思います。

池上　まったくそのとおりだね。母語がしっかり身についていてこそ、その人のアイデンティティーができ、外国と対等につきあっていけると思うよね。

●日本の教育の未来をさぐる

池上　これまで増田さんとはテレビ番組制作から始まって、取材などの場面でご一緒してきましたが、今日あらためて教育をテーマにしてフィンランドの話などを聞くと、日本はもっと合理的になろうよと思いますね。教育に限らず。合理的に考えていないから、しごく当たり前の話を聞いても、「なぜ日本ではできないのか」と思ってしまう。

増田　フィンランドの人たちに限らず、今回取材で出会ったような人たちは、物事の考え方がまっすぐなんだと思います。

池上　どこの国もそうですが、内発的な、内側からの改革はなかなかうまくいかない。これまでのやり方に拘泥してしまうし、しがらみも沢山ある。しかし外から危機が来て初めて、なんとかしなければならないということがあります。フィンランドで言うと、ソ連が崩壊して以降、深刻な不況を経験し、国としてどうやっていくのか、という危機に直面しました。日本の場合、なんとかしなきゃといって、内側からうまくやった成功体験が少ないんじゃないか。

　日本の場合も明治維新に始まって、決定的だったのは第二次大戦の敗戦ですよね。一から考えなければならなかった。だから東日本大震災をきっかけに、日本でもいろいろなことが変わらなければならないんですよ。でも、どうもそうなってないな。

増田　日本は、非常に教育熱心な国だと思われてますよね。小さい頃から塾や習い事など、子どもが「忙しい」と言うほどにいろいろやっています。その一方でまったくやっていない子たちもいる。その差は家庭の経済格差にあり、学力の差にもつながっていくと言われています。でも、本当にお金をかけなければ子どもの力を引き出すことはできないのでしょうか。学校教育以外の場で差があるとしたら、学校教育をもっと充実させてほしい、そのために先生たちにゆとりを与えてほしい。公教育にお金を投資してほしいと思うのです。

　ＯＥＣＤによる国際学力調査ＰＩＳＡの分析でも、日本は上位と下位の幅が大きいという指摘がありました。下位にいる子どもたちを底上げすることが、結局は世の中を、社会をより良いものにしていくことにつながるのではないでしょうか。

ＮＨＫの「サキどり↗」という番組に出演したときのことです（二〇一二年一月）。「お金をかけずに学力アップ」した、大分県豊後高田市の取り組みが紹介されました。人口二万四〇〇〇人。この小さな町が「教育の町」として全国から注目を集めている、という内容でした。市の教育委員会主催で、中学三年生を対象に、参加費無料の冬期講習を開催しているというのです。この取り組みは『学びの二一世紀塾』という講座の一つで、毎週土曜日に苦手な教科を徹底的にサポートしてくれるというもの。遠距離から来る子のために、無料の送迎バスも走らせています。高校受験を控えた中学三年生の実に八割が参加しているというこの取り組みですが、講師はみな町の人材を活用しているのです。元銀行員（国語）や子育てで休職中の人（数学）、酒屋さん（英会話）などなど、ユニークな顔ぶれ。一見、職業と教える科目がマッチしていないように思えますが、地元の人なので、その人がどういう経歴をもち、何が得意かということを知っている人がいます。人から人への口コミ情報で人材を集めたんです。

大手進学塾などないこの町で、こうした取り組みを始めたのは一〇年ほど前のこと。「ゆとり教育で学力低下が心配」という保護者の声とあいまって、県内で下から二番目という一斉学力テストの結果をどうしたらいいか、というのがきっかけでした。みるみるうちに学力はアップ。今では県内一斉学力テストでも、八年連続でトップの成績をおさめるまでになりました。

点数ばかりではありません。その効果は地元の中学校にまで波及し、職員室の前に自習コーナーが設けられ、職員室を行き来する先生に気軽に質問できる環境が整えられたりと、学校現場にもいい影響が見られています。

視察に来る人たちは、どうも「うちではやっぱりできない」みたいなことを言って帰っていくようですが（苦笑）。

池上　なぜできないと言うのかな。地域によって、実は大変に環境が違うんですね。

増田　全国一斉学力テストの成績を見ても、秋田、福井など、東北・北陸地方の成績が良いですよね。こうした地域の子どもたちが学ぶ場は、学校が中心です。本来の基礎力をつけるのには、学校教育だけで十分とは言えないのでしょうか。

池上　学力テストについては、やはり早寝早起き朝ご飯ですかね(笑)。早く寝て、早く起き、しっかり朝食を食べれば、午前中の授業から集中できる。落ち着いて勉強できる環境ということでしょうか。私が中学生の頃にも、現在のような全国学力テストがありましたが、都道府県同士、学校同士の点数競争が激しくなって中止になってしまった。しかし当時と現在のテスト結果を比べてわかることですが、戦後は地方の学力は本当に都市部と差が大きかった。それが五〇年間でここまで底上げして、一部逆転するくらいまでもってきたことを、もっと正しく評価していいと思う。

これまで外国の教育事情を紹介する書籍は多数あり、それぞれ示唆に富むけれど、「日本に比べて、こんなに素晴らしい！」というパターンが結構多かった。だけど、海外の事例から学びつつも、日本の良さを再認識するというのも必要な気がするね。

おわりに

フィンランドにしばしば取材に行っている増田は、現地の人たちから、「日本の教育関係者が大勢視察に来ていますが、その結果、日本はどう変わったのですか?」と聞かれることが多い。あるいは、「視察に来た日本の人たちが、自分のところでは無理だと発言するけれど、では何のために見に来たのですか?」と詰問されることもある。

本書を読まれた方が、「アメリカはすごいなあ」、「さすがフィンランドだよね」、「フランスはそんなことをやっているのか」と感心するだけでは、フィンランドに視察に行く教育関係者と大差ないだろう。

もちろん、海外での取り組みを、そのまま日本に導入すればいいというものではない。海外から学んだことを参考にしつつ、日本では日本独自に教育の閉塞感を突破していく。そんな教育改革や教育実践が求められていると考える。

著者二人がこの本を書いていて、常に念頭にあったのは、「各国の教育実践を、日本でどのように受け止め、どう活かしていくことができるだろうか」という問題意識だった。読者のあなたにも、そんなことを考えて読んでいただきたい。著者は、それを切に願っている。

本書は多くの方々に協力いただいて完成した。アメリカでは山本章弘さん、フィンランドではヒルトゥネン久美子さん、それに駐日フィンランド大使館の秋山悦子さん、フランスでは山本妃呂子さんに、それぞれ増田が大変お世話になった。本書が皆さんのご尽力に応えられるものになっていることを願っています。

二〇一三年一一月

池上　彰
増田ユリヤ

池上 彰

1950年長野県生まれ．慶應義塾大学経済学部を卒業後，1973年NHK入局．記者，キャスターを歴任．1994年から11年間「週刊こどもニュース」のお父さん役を務めた．2005年退社，以後フリー．現在ジャーナリスト，東京工業大学リベラルアーツセンター教授(2012年4月より)．著書に，『先送りできない日本――“第二の焼け跡”からの再出発』(角川oneテーマ21)，『学び続ける力』(講談社現代新書)，『先生！』(岩波新書，編著)，『池上彰の憲法入門』(ちくまプリマー新書)，『情報を200％活かす　池上彰のニュースの学校』(朝日新書)ほか多数．

増田ユリヤ

1964年神奈川県生まれ．國學院大學文学部史学科を卒業後，私立高校の世界史・日本史の教師として教壇に立つ傍ら，ジャーナリストとして国内外で精力的に取材を重ねる．著書に，『「新」学校百景――フリースクール探訪記』，『総合的な学習――その可能性と限界』(ともにオクムラ書店)，『家族で選ぶインターナショナルスクールガイド』(講談社)，『欲ばり過ぎるニッポンの教育』，『新しい「教育格差」』(ともに講談社現代新書，前者は共著)，『教育立国フィンランド流　教師の育て方』，『移民社会フランスで生きる子どもたち』(ともに岩波書店)など．

突破する教育 世界の現場から，日本へのヒント

2013年11月28日　第1刷発行

著　者　池上《いけがみ》 彰《あきら》　増田《ますだ》ユリヤ

発行者　岡本 厚

発行所　株式会社 岩波書店
〒101-8002 東京都千代田区一ツ橋2-5-5
電話案内 03-5210-4000
http://www.iwanami.co.jp/

印刷・三陽社　カバー・半七印刷　製本・三水舎

ISBN 978-4-00-025932-3　Printed in Japan